Général Ch. PHILEBERT

PERSPECTIVE
DE GUERRE

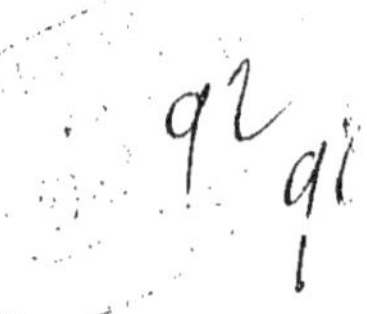

PARIS

Henri CHARLES-LAVAUZELLE
Éditeur militaire
118, Boulevard Saint-Germain, Rue Danton, 10

(MÊME MAISON A LIMOGES)

PERSPECTIVE DE GUERRE

Général Ch. PHILEBERT

PERSPECTIVE
DE GUERRE

PARIS
Henri CHARLES-LAVAUZELLE
Éditeur militaire

PERSPECTIVE DE GUERRE

I

L'empereur d'Allemagne, dans le conflit qui vient de mettre aux prises les Grecs et les Turcs, a d'abord semblé s'isoler du concert européen et prendre parti pour ces derniers. C'est un fait qui mérite qu'on l'étudie de près. Sans doute, ce n'est pas la première fois qu'un prince chrétien paraît lié aux intérêts des Musulmans et les soutient. Dans nos annales même, nous trouverions plusieurs exemples de faits semblables. Dans ce cas particulier, la conduite des Turcs, les massacres odieux dont ils avaient couvert l'Arménie, ceux dont au début ils s'étaient aussi rendus coupables en Crète, semblaient devoir unir toutes les nations civilisées dans une pensée de réprobation et aussi de volonté de répression contre les auteurs; l'opinion générale poussait à intervenir et à demander compte au sultan de ces massacres odieux. La Grèce, en prenant précipitamment les armes et en se lançant prématurément dans les aventures de la guerre, a transformé ce sentiment d'horreur du sang répandu en une question de politique générale, qui a changé les conditions. La menace d'une conflagration générale que cette levée de boucliers faisait peser sur le monde entier, a poussé toutes les nations de l'Europe à s'unir dans le but de l'éviter... que ce concert soit difficile à établir, cela ne peut faire doute pour personne. A l'origine, le courant d'opinion très net qui s'était universellement produit contre le Musulman et les sentiments de compassion que les massacres des Arméniens avaient fait naître dans tous les cœurs civilisés, portaient naturellement à punir ce Turc, qui, à notre époque de progrès et de charité, faisait réapparaître les scènes hideuses d'époques barbares et faisait tache en Europe par sa brutale férocité. C'est ce courant très puissant et très généreux, qui a soulevé les populations de la Grèce et y a produit une surexcitation d'autant plus naturelle et plus pénible à limiter, qu'une communauté d'origine et de croyances les liait aux Crétois et rendait plus douloureux et plus poignants, des dangers et des souffrances vus de plus près. C'est le même sentiment, qui a fait affluer au secours de ce pays, comme autrefois, les exaltés de toute l'Europe; malheureusement les secours qu'ils ont la prétention d'apporter aux peuples en détresse ne sont jamais gratis, et souvent ils les font payer cher. La cruelle expérience que nous avons faite en 1870, du peu d'efficacité des secours de ces volontaires étrangers, aurait dû inspirer au gouvernement grec d'autant moins de confiance et plus de circonspection, que ces bandes portent avec elles le danger de révolutions à l'état permanent, et que leur apparition sur le terrain de la guerre était de nature à refroidir dans leur volonté de venir à son aide la plupart des gouvernements de l'Europe.

Un sentiment trop légitime de conservation et de désir de la paix pousse les gouvernements réguliers à n'avoir aucune sympathie pour ces aventuriers, qui, sous prétexte d'apporter au secours des faibles l'aide de leurs bras et de leur courage, n'apportent guère que l'esprit de désordre, de désorganisation et de renversement de tout pouvoir établi. La Grèce a failli en faire l'expérience en face de l'ennemi et l'Histoire nous dira bientôt si la valeur et le zèle de ces condottieri de tous pays, dans les combats qu'elle a eu à soutenir, a compensé la faiblesse qu'entraîne forcément le désordre intérieur. Depuis longtemps, la légende des levées en masse, de leur irrésistible puissance et de leur triomphe certain sur les armées régulières, tend à faire place, dans toutes les cervelles raisonnables, à la foi contraire.

Cette antipathie pour les révolutionnaires a-t-elle été un appoint dans les pensées, qui ont porté le puissant empereur d'Allemagne à prendre fait et cause en sens contraire du courant, qui poussait le monde chrétien à courir au secours de ce petit peuple grec, qui autrefois avait eu, en pareille occasion, la bonne fortune de se voir soutenu, aidé et si puissamment, qu'il en est resté entouré d'une auréole d'intrépidité, de gloire et de victoires.

C'est bien possible, car le sentiment public très nettement affirmé en faveur des Arméniens, des Crètois, s'est sensiblement refroidi en présence de l'intervention grecque, soit qu'il ait été impressionné par la crainte d'en voir sortir une conflagration générale, soit par la conviction que la Grèce, excitée par les souvenirs encore récents de la guerre de l'Indépendance, avait été déterminée à cette levée de boucliers, plus par des désirs d'agrandissement territorial et d'ambition politique, que par un sentiment profond de confraternité et de sympathie pour les misères et les souffrances de coreligionnaires.

Ces causes ont pu peser d'un certain poids sur la décision; mais il n'est pas à croire que ce sentiment de répulsion contre tout ce qui est révolutionnaire l'ait seul produite. Il y a certainement d'autres causes plus générales, d'une importance plus considérable au point de vue de la politique d'ensemble, qu'il est utile de rechercher, pour s'expliquer cette détermination qui, au premier abord, semble, en sens contraire, des tendances d'un chef d'empire toujours très soigneux — comme ses prédécesseurs — de se montrer respectueux et dévoué aux sentiments chrétiens.

Lorsqu'on étudie les événements du quart de siècle qui vient de s'écouler, on s'aperçoit facilement que malgré les efforts de tous les gouvernements, poussés même au-dessus de leurs moyens, pour augmenter ou développer sans cesse leurs forces militaires; malgré ou plutôt peut-être dans la crainte d'une conflagration qui, sous le moindre prétexte, peut mettre l'Europe à feu et à sang, tous sont animés du désir de la paix et que leur rivalité aujourd'hui tend à prendre une autre forme que la lutte à coups de canon et à coups de fusil. Assurément, il y aura encore des guerres, cela ne peut faire doute. C'est une loi que depuis le commencement du monde tous les peuples ont subie. Son application a été si fréquente, si générale à tous les âges, dans tous les temps et sur toutes les terres du monde, qu'elle est une des conditions mêmes de la vie des nations. C'est l'une des formes de la grande loi du sacrifice et de l'expiation que notre Dieu a proclamée lui-même et a signée de son propre sang, lorsqu'il a donné l'exemple du sacrifice pour en faire la base du dogme catholique. Quelque effroi, quelque terreur que cette loi de l'expiation inspire à l'homme, quelques protestations qu'elle provoque, elle conservera le sceau divin, tant que le Dieu crucifié aura ici-bas des confesseurs. Etrange prétention, c'est au nom de la fraternité humaine qu'on entend rabaisser la Croix et nier l'expiation, comme si ce n'était pas de la Croix qu'était tombée pour la première fois cette parole : « Tu aimeras ton prochain comme toi-même ». Combien de sectaires puissants ont depuis poussé des cris de colère et de négation. Le catholicisme n'en poursuit pas moins sa marche ascendante vers le terme fixé aux destinées du monde.

Mais si la guerre est de loi supérieure et par conséquent inévitable et fatale dans le développement des âges, il est cependant certain aussi, qu'à notre époque, il y a une tendance générale, sur le vieux continent d'Europe, à ne plus faire de guerres de conquêtes.

L'organisation actuelle des armées rend les guerres si terribles, en font une calamité, un fléau si redoutables, que le peuple victorieux lui-même les craint. De plus, elles exigent de si grands sacrifices d'hommes et d'argent qu'elles entraînent pour longtemps un état général d'appauvrissement et de souffrances.

Est-ce un mirage résultant de ces craintes ou des efforts faits dans ces derniers temps pour éteindre tous les germes de conflagration et les soumettre au creuset des idées, toujours en progrès de conciliation

et de fraternité ; est-ce aussi le résultat des progrès
de la science, qui, par ses chemins de fer, ses télé-
graphes, ses téléphones, son électricité, rapproche les
distances, multiplie le contact des individus, mais il
semble que le génie brutal de la guerre tende à perdre
de sa férocité et à éloigner ses redoutables appari-
tions.

Il semble renoncer à ensanglanter encore le sol
abreuvé de sang du vieux continent européen et vouloir transporter plus loin le théâtre de ses fureurs.

L'Afrique paraît devoir être dans l'avenir le terrain
de son choix, jusqu'à ce qu'il en ait changé l'état et
ait accompli sa transformation.

C'est un champ de bataille nouveau et assez
immense pour que, pendant de longues années, la sève
européenne puisse y trouver un emploi et un déver-
soir à son ardeur et à sa fougue. Depuis plusieurs
années elle se prépare à en accomplir le partage et à
s'en disputer avec ardeur les parcelles.

Déjà l'Angleterre, qui toujours, parmi les nations,
tient la tête par sa rapacité et l'immensité de ses appétits, l'Angleterre toujours prête à mettre la main sur
tout ce qui dans le monde entier paraît pouvoir être
de bonne prise, s'y est faite une part considérable,
bien inférieure cependant à ses convoitises. Après
avoir répandu dans l'Ouganda des torrents de sang,
elle s'apprête, en s'imposant au Transwaal, à préparer
a réalisation de cet immense projet d'union du cap
de Bonne-Espérance au Caire par un chemin de fer
dont elle allonge avec une activité fiévreuse les deux
tronçons.....

Oh ! elle voit loin, juste et clair l'Angleterre et, dans

ce partage de l'Afrique, on peut être sûr que, quoique
la dernière venue, elle se fera la meilleure part.....

Menacée par la Russie à la source principale de sa
puissance en Asie, elle veut se créer une large et puissante compensation dans ce monde encore peu connu
de l'Afrique et assurer à son commerce, par ce chemin
de fer courant de la Méditerranée au cap de Bonne-
Espérance le drainage de tous les produits du centre
africain. Pour l'Angleterre, toute question est avant
tout une question de lucre, de commerce. Elle parle
haut de liberté, de civilisation, etc., mais elle ne fait
que des guerres d'intérêt.

Elle ne recule pas devant les guerres qui rapportent
de gros intérêts ; les autres, elle les évite ou attend une
meilleure occasion, sans cependant renoncer à son
but.

L'Allemagne, jusqu'en 1870, était restée exclusive-
ment puissance continentale, sans expansion exté-
rieure.

Depuis, elle a fait de grands efforts pour se donner
une marine, des colonies. En creusant le canal de
Kiel, elle a ouvert à ses flottes de la Baltique un débouché sur la mer du Nord et l'Océan Atlantique. Elle
est devenue une puissance maritime, coloniale, et
aussi une puissance commerciale.

Des statistiques récentes disent l'énorme développement des mouvements de son port principal Hambourg et la rude concurrence qu'il fait au commerce
du reste du monde. Nous sommes malheureusement
forcés de reconnaître que le commerce français, malgré son importance, n'est plus un rival en état de disputer la première place.

Mais si cela peut être pour nous une consolation de quelque valeur, nous voyons que cette rivalité se pose entre les deux nations·allemande et anglaise, qui, toutes les deux, pour bien des raisons, sont des ennemies héréditaires.

Dans le cours des siècles, les mêmes causes produisent les mêmes effets et il n'y a pas bien longtemps que notre empereur Napoléon, parvenu par son génie et la valeur du soldat français à dominer l'Europe continentale, se heurtait au commerce anglais. La lutte, de part et d'autre, fut ardente, énergique et chacun des partis fit appel à tous les moyens pour s'assurer le succès. L'Histoire a enregistré, d'un côté, les bombardements iniques, les violations de foi, le mépris des traités et de tous les droits ; de l'autre, l'abus de la force, les conquêtes, les adjonctions de territoires et, enfin, le blocus continental ; vaste conception qui violentait tous les intérêts des peuples pour les forcer à prendre parti dans la lutte... Ces événements ne sont pas bien loin de nous, puisque nos pères y ont pris part, y ont été acteurs, qu'ils ont passé leur vie à courir de capitales en capitales, de Vienne à Berlin, de Berlin à Lisbonne et de là à Moscou. Sur leurs genoux et dans leurs bras ils ont bercé notre enfance des récits de leurs gloires et de leurs souffrances.

Sans trop risquer de commettre une grave erreur, nous pouvons croire que le puissant empereur d'Allemagne, qui a peut-être quelque prétention d'être le successeur de celui qui promena nos drapeaux victorieux d'un bout de l'Europe à l'autre et qui rêva un jour d'aller aux Indes saisir et terrasser son ennemi aux sources mêmes de sa richesse et de sa grandeur, caresse lui aussi ce rêve, et qu'il voit, dans l'avenir, l'Angleterre ruinée et anéantie au profit de sa Germanie, dès lors maîtresse sans rivale du monde... Sans doute, l'Angleterre n'est pas seule, il y a encore la Russie, la France, peut-être les Etats-Unis et, dans un avenir plus lointain, ces peuples excentriques, jusqu'alors considérés comme de race inférieure et que de récents événements ont révélé capables d'efforts, de civilisation, d'habileté et puissance, dont le développement est à surveiller. Tout cela, c'est affaire de l'avenir. Il y aura à y pourvoir... Il semblerait que la supériorité de puissance militaire de son pays étant acquise et établie sur des bases indiscutables et étant, du reste, l'objet d'un soin incessant, la pensée qui le domine est celle de la richesse. Jusqu'à présent l'Allemagne était pauvre. Il la lui faut, pour les grands desseins qu'il médite, riche, prospère et, dès lors, l'Angleterre est sa rivale. Il faut la remplacer sur les marchés du monde et que l'Allemagne devienne la reine de l'industrie, du commerce, etc.

Ces pensées expliquent ses désirs, sa volonté de paix, ses avances à la Russie, à la France, à tout le monde. Devenu tout puissant par la guerre, il sent qu'une guerre nouvelle peut mettre en question sa grandeur et sa puissance et il ne veut pas les risquer.

Elles expliquent aussi son attitude dans toutes les questions où il est en contact avec l'Angleterre, son initiative personnelle accentuée au Transwaal, et enfin aussi sa première manière, lors de la levée de boucliers de la Grèce contre les Turcs.

Il a d'abord paru prendre parti du côté de ces derniers, parce que l'Anglais rapace paraissait lui aussi être derrière les Grecs et les pousser à la lutte pour essayer de saisir quelques gages, la Crète par exemple, qui à la fin resterait dans ses mains crochues.

Aussi, parce que sur toute la surface de la terre, dans toutes les colonies, l'Anglais est en face du monde musulman qu'il opprime et qui le hait, et qu'en prenant parti pour les Musulmans, on pouvait, à un moment donné, tirer parti de cette haine contre l'ennemi, en s'en servant pour porter le trouble dans son empire colonial.

Puis, lorsqu'il a vu, que dans cette affaire l'entente russe et française conduisait nettement à la guerre ou au concert européen, il s'est rallié à la paix et a conseillé au Turc, qu'il avait d'abord paru pousser en avant, de céder et de consentir aux conditions imposées.

Nous ne savons encore si la paix est bien assurée et si le concert européen aura bien réussi à terminer la querelle et à faire cesser les sanglantes exécutions dont depuis deux ans le sultan donne le spectacle repoussant au monde civilisé. Mais ce dont nous ne pouvons douter, c'est que l'empereur de Russie, a conçu de l'attitude de son parent dans cette affaire un sentiment de gratitude, qui se traduit par la réception gracieuse et pleine d'attention, qu'il lui fait en ce moment et qui semble indiquer que les deux puissants empereurs se rapprochent et s'entendent.

Quel est le terrain sur lequel cet accord se fait? quelle est la question qui les rapproche? c'est encore fort obscur, mais nous savons déjà que depuis longtemps l'Angleterre est l'ennemie de la Russie et nous savons aussi maintenant qu'elle est ennemie de l'Allemagne.

Enfin, nous avons vu l'empereur allemand, dans une occasion plus récente, entrer en lutte avec le parlement allemand pour une question qui, dans cet ordre 'd'idées, est d'une suprême importance, celle du développement de la puissance maritime de son empire.

La majorité du Reichstag a refusé les crédits demandés par l'Empereur pour assurer ce développement.

Dans la lutte qui va naturellement suivre ce refus, l'Empereur aura pour lui le sentiment des grandes destinées du commerce allemand et la nécessité d'avoir en main les forces suffisantes pour assurer sa liberté et sa sûreté dans toutes les portions du monde. La paix peut assurément, cela est prouvé par les progrès énormes faits depuis 1870, permettre à la nation allemande de donner à son commerce une extension croissante. Déjà elle tient, d'après certaines statistiques, le second rang dans le monde. Mais elle veut le premier, elle le désire par la paix, parce que la guerre pourrait le compromettre, mais ne recule pas devant l'idée de l'obtenir par la guerre et, pour nous servir des termes mêmes d'une brochure allemande récemment publiée : *elle ne prétend faire violence à personne ; mais afin que la lutte pacifique ne dégénère pas en oppression ouverte, il faut bien que la force armée serve de défense et de garde à de justes prétentions.*

Les progrès de ce commerce en pleine paix sont tels que l'Angleterre elle-même en a pris quelque effroi. « La marine marchande. (*Correspondant*, du 25 juillet 1897) de l'Allemagne a plus que triplé depuis 1871. Le chiffre de ses affaires commerciales a augmenté de

1.300 millions de marks de 1882 à 1895, tandis que dans une période de dix années, l'Angleterre voyait les siennes diminuer de 800 millions de marks, la France de 700 millions de francs et l'Italie de 240 millions.

» Aussi l'Empereur et les partisans d'une grande flotte de guerre citent ces chiffres avec fierté et pré-tendent, non sans quelque raison, qu'un commerce de cette importance a besoin pour le défendre d'une marine de guerre proportionnée. »

L'Allemagne a besoin de colonies; or, de nombreuses et grandes colonies nécessitent une flotte considérable.

La question est donc bien posée. Il lui faut la paix avec tous les peuples du continent; aussi il se montre aimable, gracieux, séduisant autant que le comporte sa nature, pour avoir cette paix avec la Russie, avec la France et les unir à sa politique de lutte contre l'Angleterre, à laquelle il veut succéder dans l'empire des mers, afin que son peuple devienne par le commerce, l'industrie, les colonies, le plus riche et le plus puissant du monde.

Déjà cette pensée de triple alliance s'est répandue dans le public, elle n'est plus secrète, puisque déjà l'un des collaborateurs de la *France militaire* en a dit son avis dans les colonnes de ce journal militaire important. Comme lui, nous éprouverions certaine répugnance à voir notre pays entrer en relations amicales avec l'Allemand, et nous préférerions, comme lui, laisser ces adversaires régler leur différend sans nous en mêler.

Mais est-il bien possible d'assister sans y prendre part à une lutte pareille?

Le plan que Guillaume II poursuit aujourd'hui au

profit de l'Allemagne, c'est le plan que le génie de Napoléon avait formé au profit de la France. L'Histoire nous a appris que, lors de la première lutte, le monde entier a été entraîné dans l'orbite, que nul n'a pu rester simple spectateur. Il est fort à craindre qu'il n'en soit ainsi dans celle qui semble se préparer dans un avenir plus ou moins rapproché, et l'on peut être sûr que les combattants une fois engagés, ne laisseront ni plus de liberté, ni plus de sécurité à ceux qui se trouveront à portée, qu'en un mot, la conflagration sera générale et que tous, bon gré mal gré, devront y prendre part.

C'est donc dès aujourd'hui, que nous devrions nous y préparer et prendre les positions avantageuses.

II

Dans un article précédent, nous avons essayé de
nous rendre compte des conséquences que peuvent
amener la rivalité des intérêts commerciaux de l'Angleterre et de l'Allemagne, en raison de l'ambition de
son puissant empereur, des dangers que la France peut
courir, soit que cette rivalité reste pacifique, soit
qu'elle finisse par un conflit armé.

Produire devant le public des perspectives de guerre,
en ce moment d'enthousiasme, — alors que la réception magnifique, faite par le gouvernement et le peuple russe au Président de la République, paraît un
gage assuré d'un long avenir de tranquillité, à ce moment où à l'envi les uns des autres tous les souverains
manifestent bruyamment leur désir de la paix — sera
pour beaucoup un contre-sens. Mais les choses de ce
monde suivent rarement une marche régulière et uniforme; et bien souvent c'est ce qui paraît le moins
probable qui a lieu. L'homme propose, Dieu dispose.....
Il suffit d'un simple coup d'œil à quelques années en
arrière pour le reconnaître.

L'Empire c'était la paix et il a toujours été en guerre,
et c'est au lendemain des traités les plus pacifiques
qu'éclatent les guerres les plus longues et les plus
acharnées. Qui donc en France, à notre retour de
Crimée, alors que tout Paris couvrait les troupes de
fleurs et les acclamait par les manifestations de sa joie

la plus intense et la plus franche, aurait pu, en cette
année 1856, prévoir que Napoléon III, empereur tout-
puissant et arbitre de l'Europe, allait, quelques années
plus tard, consentir à laisser la maison de Savoie, par
la spoliation de tous les États italiens et du Saint-Père,
former sur notre flanc une nation puissante et hostile
malgré tous les services rendus? Si quelqu'un eût pu
deviner, dans l'ancien carbonaro, l'homme de Castel-
fidardo, qui, dans le triomphateur de Crimée, eût pu
apercevoir l'homme de Sedan? Qui eût pu prévoir la
triste destinée de ce jeune prince commencée avec tant
d'éclat au château des Tuileries, pour aller finir au
fond de l'Afrique, dans une obscure escarmouche, sous
la hache d'un sauvage? Qui, en cette année 1856, sortant d'une des fêtes splendides de ce château des Tuileries, l'eût entrevu brûlé, démoli, et eût pu voir le
passant foulant d'un pied indifférent la place qu'il
occupait?

En face de tels exemples, encore si près de nous, il
est donc sage de ne pas s'arrêter au présent, de ne pas
compter sur sa durée; il est prudent d'essayer de son-
der l'avenir, de chercher à en deviner les obscurités.

Car, cette lutte, dont nous essayons de prévoir les
dangers, elle est actuelle, elle existe, elle se poursuit
sous nos yeux. Nous ne savons si elle continuera longtemps sous la forme pacifique, si elle se transformera
en guerre, mais il est sûr et certain qu'une nation
comme l'Angleterre ne cédera pas sans employer tous
les moyens, ce qui fait rang, richesse, influence et
puissance. Nous en avons pour garant la lutte qu'elle
a soutenue au commencement du siècle contre nous-
mêmes.

En admettant que victorieuse dans sa lutte contre Napoléon, par la coalition de toutes les puissances qu'elle a su alors grouper contre nous, elle soit cette fois-ci vaincue par la coalition de tous les intérêts qu'elle a violentés, elle ne le sera pas sans obliger l'ennemi à des efforts répétés et considérables qui ébranleront le reste du monde, le feront trembler sur ses bases et en changeront certainement les conditions d'existence. Dans ce conflit déjà commencé, quel sera notre rôle? quelle part y prendrons-nous?..... et pour qui prendrons-nous parti?.....

Nous déciderons-nous à nous unir à l'Allemagne, et avec tout le continent à prendre parti contre l'Angleterre.....? S'allier à l'Allemagne, le spectre de l'Alsace et de la Lorraine, violemment arrachées de notre sein, se dresse entre nous, les yeux en pleurs; et pour combattre ensemble, pour mettre notre cœur près du sien et notre main dans sa main, il faut le fouler aux pieds. Ce n'est pas possible, cette apostasie porterait malheur. Et puis toutes ces colonies, l'Algérie, la Tunisie, le Tonkin, le Dahomey, le Sénégal, Madagascar, tous ces joyaux, conquis et fertilisés par notre sang généreusement versé, qui font à notre France nouvelle comme une riche et belle couronne de noces, que deviendront-elles? Il nous faut consentir à les voir ravagées, détruites ou devenir la proie de l'ennemi héréditaire.....

Quels sacrifices s'imposeront à notre fortune, à notre richesse, à notre commerce? Comment maintenir nos relations avec le reste du monde? C'est consentir à voir la France réduite à n'avoir plus qu'elle-même pour marché et voir son industrie ruinée, son commerce détruit. Et en regard de tous ces sacrifices certains, se pose cette interrogation redoutable : Au profit de qui la victoire, en supposant qu'elle couronne tous ces efforts? Quelle sera notre part dans le partage?

Pouvons-nous croire à la générosité de l'Allemagne et ne pas craindre de la voir, comme dans la fable célèbre, nous dire :

Je prends la première part, parce que je suis l'Allemagne; la deuxième, parce que je suis la plus forte; la troisième, parce que je la veux; la quatrième, etc., etc.

Bref, ne courons-nous pas le risque d'avoir pour toute récompense la gloire acquise par nos sacrifices et nos efforts? C'est assez généralement ainsi que cela se passe. Telle a été la noble habitude de la France dans le passé et certainement en ce cas sa tradition ne serait pas modifiée.

L'alliance anglaise ne nous inspire pas plus de sympathie, ni d'espérances. Nous connaissons les pratiques du léopard. Il faut toujours qu'il vole quelque chose et il prend aussi bien à ses amis qu'à ses ennemis. Dans ce conflit, il ne nous aiderait, sur terre, à notre frontière de l'Est, que de ses vœux. L'appoint qu'il pourrait apporter au succès des grandes batailles que nous aurions à livrer serait peu efficace, et pendant que nous prodiguerions notre sang pour défendre notre territoire et recouvrer notre patrimoine démembré, notre alliée, à l'abri de tout danger dans son île, parcourrait le monde sur ses flottes et prendrait partout ce qui lui plairait, afin d'avoir des gages en main pour que la paix nécessaire après ce grand conflit lui soit avantageuse, et que sa puissance et sa grandeur soient maintenues. Est-il certain qu'à la paix ces gages dans ses mains soient en partie employés à compenser nos pertes, à rémunérer nos efforts, à reconnaître nos sacrifices?

La *loyale Angleterre* porte aussi le nom de *perfide Albion*.

L'histoire dit que c'est à leurs relations entre Anglais que s'applique le mot *loyauté*. Quant à l'autre, *perfide,* il s'applique aux relations avec l'étranger. Nous ferons bien de ne pas nous risquer à en faire l'essai.

Rester neutre dans ce grand conflit, paraît à première vue la solution préférable. Sans doute, rester en dehors de la bataille et juger les coups sans en recevoir, paraît et plus sûr et plus avantageux.

Mais est-ce possible? Croit-on que cette lutte colossale n'ébranlera pas le monde et que les nations engagées nous laisseront en paix assister à leurs efforts? L'avons-nous fait, nous, au commencement du siècle? N'avons-nous pas, au contraire, porté la guerre aux extrémités de l'Europe, en Espagne, au risque de succomber en détail sous les coups de ses guérillas, en Russie pour y mourir de froid, afin de les obliger à se plier à nos volontés, à combattre avec nous, et à assurer le succès?

Neutre, c'est le rôle de la Belgique, de la Suisse, de tous les petits Etats. Ils tremblent toujours que cette neutralité ne soit violée, et n'amène leur mort.....

Est-ce que nous consentirions à jouer ce rôle, peut-être utile aux intérêts matériels, mais au-dessous des moyens, de la puissance et du passé d'une grande nation?

Ah! il y a 25 ans, lorsque abandonnée de toutes les nations, elle râlait sous le talon du vainqueur brutal, lorsque la défaite était sur elle et la marquait encore de ses stigmates visibles, — lorsque son armée n'avait plus de drapeaux, qu'elle usait misérablement les loques de hasard dont la guerre l'avait couverte, que son armement vieilli était à refaire, que son corps d'officiers cherchait l'unité en se débarrassant d'éléments inférieurs que le trouble des événements y avait introduits, dans l'obscurité des tendances nationales, la France eût peut-être hésité sur ses destinées et accepté ce rôle de neutre, en cachant à tous sa honte et ses regrets..... Mais aujourd'hui que les années ont passé, aujourd'hui que la puissante nation russe a, à la face de l'univers entier, mis sa main dans la nôtre, aujourd'hui que notre jeune armée a sous son deuil recouvré l'espérance, et que toute la Patrie, d'un même élan, se porte vers un avenir réparateur, est-ce le cas de s'isoler, de se neutraliser, de refuser d'être acteur dans ce jeu redoutable des batailles? Sans doute ceux qui jouent, risquent de perdre, mais qui ne joue pas ne peut gagner, et ne pas jouer au milieu de ces grandes convulsions du monde, c'est ne pas vivre, c'est consentir à voir tous les autres grandir; c'est se rapetisser, c'est creuser soi-même son tombeau.

L'alliance russe, c'est la paix, dit-on; nous verrons bien!! Mais, pour mon compte, je n'ajoute pas foi entière à ces frontispices décoratifs, qu'on inscrit sur tous les monuments et qui ne sont là en réalité que pour enthousiasmer les simples mortels, qui ne peuvent lire et comprendre ce qu'ils masquent. Sans doute, si la Russie et la France étaient absolument résolues à observer et à faire observer par tous et quoi qu'il arrive, une absolue neutralité, il y aurait certaines chances pour que les autres nations évitent de commettre à leur égard rien qui pût les provoquer, et les pousser à jeter dans la balance le poids énorme des multitudes dont elles disposent l'une et l'autre. Mais qui peut répondre de l'avenir, comment dans notre pays admettre la durée, la stabilité dans les idées, la fixité dans le but, lorsque notre gouvernement est l'instabilité même, et qu'il est à peu près sûr qu'on n'établirait un programme que pour ne pas le suivre ?

Est-ce que le Ministre des affaires étrangères peut jamais être sûr d'obtenir de la majorité du parlement qu'elle le suive ? Est-ce que le Ministre qui a préparé l'alliance et qui par suite se croit quelque droit à la reconnaissance de ses concitoyens, est certain que demain, sur une question d'une importance secondaire, il ne sera pas entraîné dans la disparition inattendue et subite du gouvernement dont il fait partie, sans que sa responsabilité soit en jeu autrement que comme membre de la combinaison... ? Qui peut répondre, non seulement, que l'homme lui-même, mais même que la combinaison ministérielle qui lui succédera, continuera à suivre son programme et n'ira pas en sens contraire ? Si tout cela est vrai, alors comment bâtir des espoirs de longue durée, des politiques à longue échéance, comment répondre aux autres de l'avenir ; comment soi-même se donner une ligne de conduite et la suivre ? Comment se garantir, lorsque le seul rouage du gouvernement est une chambre impressionnable, ignorante et nerveuse au suprême degré, des emballements, des décisions irré-fléchies, irrévocables?

J'entends bien la réponse. Nous ne serons pas ainsi dans cette grave affaire que sera la guerre. Dans nos querelles de parti, nous pouvons être ardents, injustes et divisés, mais devant l'ennemi, nous serons unis, compacts, sages et circonspects. Je voudrais le croire, mais le passé ne m'est pas un gage de confiance. J'ai encore au fond de mon cœur et présent à mon esprit le souvenir de cette Assemblée de 1870 déclarant d'enthousiasme la guerre, sur une fable méchamment inventée par le chancelier de fer, et poussant ainsi le gouvernement dans cette sombre et douloureuse aventure où il devait périr, et le pays dans la suite interminable de malheurs qui pèsent encore sur sa vie présente et mettent encore ses drapeaux en deuil. — Cela n'aurait plus lieu, dites-vous. Serait-ce donc que vos assemblées sont composées de membres plus intelligents, plus avisés, plus instruits? Par quel stratagème avez-vous obtenu que tous vos pères conscrits et vos députés soient devenus les successeurs de ces fiers sénateurs romains qui, par leur fermeté et leur calme, sauvaient la patrie au lendemain des victoires d'Annibal, ou, impassibles et silencieux sur leurs chaises curules, forçaient l'étonnement et l'admiration du Brennus qui avait vaincu leurs soldats? Ont-ils, comme ces vieux Romains, une seule pensée, un seul amour, un seul désir, la *Patrie;* et l'écho de ces deux peuples qui, en 1871, se battaient en déchirant le sein de la France en face de l'étranger, est-il tout à fait éteint..... et n'entendons-nous pas, même à la tribune, les voix retentissantes des orateurs en répercuter les vibrations douloureuses?

Ce sont là bien des raisons d'une gravité évidente, qui ont pu longtemps agir sur le Tsar et l'engager à se maintenir sur la réserve. Cependant, il s'est décidé à affirmer l'alliance et à la proclamer dans une circonstance solennelle. Plus maître de ses décisions, plus libre de suivre le programme de son choix et n'ayant mis sa main dans la nôtre qu'après mûre réflexion, on peut donc compter qu'il maintiendra, comme il l'a promis, comme il l'a solennellement affirmé, cette alliance, consentie du reste et préparée par les sentiments de mutuelle estime et de sympathie réciproque des deux nations....., estime et sympathie déjà anciennes, augmentées aussi de l'antipathie qu'inspire l'Allemand et de la haine de l'Anglais; ce sont assurément de sûrs garants de l'amitié des deux peuples.

L'amitié, il est vrai, quelque franche, loyale et solide qu'elle soit, doit être assez généreuse pour laisser aux intérêts, quelquefois divergents, toute liberté de se satisfaire. Dans le cas de la Russie et de la France, les intérêts ne sont pas rivaux et sont d'autant plus faciles à régler.

Mais peut-être les intérêts de la Russie sont-ils une des difficultés à prévoir pour le maintien de cette paix qui semble le premier des *désideratum*.

En effet, vis-à-vis de l'Angleterre et de l'Allemagne, la Russie n'est pas dans les mêmes conditions que vis-à-vis de la France.....

La Russie est en contact avec l'Allemagne sur sa frontière ouest, et depuis longtemps les provinces baltiques, comme notre Alsace-Lorraine, sont sur les cartes allemandes inscrites comme faisant partie du patrimoine national. Question d'autant plus irritante que la Russie, enfermée dans la Baltique, voit, de jour en jour, la flotte allemande grandir et peut-être, dans l'avenir, lui fermer la porte de sortie. L'Allemagne, il est vrai, ne tient pas dans sa main les passages; ils appartiennent au Danemark, et le Danemark est non seulement le parent, l'allié, l'ami de la Russie et de son chef, mais l'ennemi de l'Allemand, qui lui a brutalement enlevé une partie de son patrimoine; mais si les détroits ne sont pas en sa possession, elle peut à volonté en interdire l'accès, puisque elle est placée sur la route à suivre par la flotte russe pour sortir de la Baltique, qu'elle est en position entre Cronstadt, le grand port russe et les passages..... C'est là une cause de faiblesse considérable pour la Russie. Elle ne peut, quelque puissantes que soient ses flottes, les faire intervenir dans les destinées du monde que lorsque l'été, en fondant les glaces, rend sa mer libre et qu'elles ont franchi ces passes étroites, qui ne sont pas entre ses mains et dont l'Allemagne peut lui barrer l'accès. Si c'est une cause de faiblesse, c'est aussi une cause de rivalité et, dans l'avenir, une cause peut-être de lutte.

Etrange situation de ce puissant empire : au nord la Baltique est pour ses flottes une prison; de l'autre côté, au sud, la mer Noire joue le même rôle. Ses flottes du sud, pour porter le poids de leurs puissants moyens dans les luttes du monde, doivent, elles aussi, d'abord franchir les Dardanelles, et les Dardanelles sont entre les mains du Turc, et, précisément dans ces derniers temps, nous avons vu l'Allemagne soutenir le Turc, lui prêter ses officiers pour instruire, former ses soldats et les guider au feu ; de sorte qu'aujourd'hui il semble que l'Allemand tient en main les portes des Dardanelles, comme il tient celles du Nord... Quelque envie, quelque désir, quelque volonté qu'ait la Russie de maintenir la paix, de préserver le monde des malheurs effroyables de la guerre, elle a aussi certainement le désir de se débarrasser de ces deux étreintes, de vouloir respirer, et en un mot d'arriver à la mer libre, sans laquelle il n'est ni commerce, ni richesses possibles. Voilà donc bien des causes de conflit, bien des raisons de craindre que ces intérêts majeurs ne l'entraînent à prendre part dans la lutte — et qu'elle nous laisse seuls, isolés, dans une neutralité d'autant plus difficile à garder.

En face de l'Angleterre, la Russie peut craindre aussi les mêmes obstacles, la même opposition aux débouchés de la Baltique et de la mer Noire. En se recueillant dans ses souvenirs et en remontant dans son passé jusqu'en 1854, elle y trouvera au compte de l'Angleterre la destruction de son grand port de Sébastopol, ses vaisseaux de guerre coulés dans la passe et en barrant l'entrée, et le travail de Catherine et de Pierre le Grand à refaire. De plus, en Asie, où elle a transporté ses efforts pour chercher passage et tourner les détroits, elle retrouve sa rivale. A travers l'Afghanistan, toutes deux, attentives, se regardent comme deux duellistes cherchant pour frapper le défaut de la cuirasse ; et sur la terre d'Afrique, les succès récents du négus ne sont-ils pas des indices précurseurs d'une lutte certaine sur un terrain nouveau, et ne mettent-ils pas un point d'interrogation sur le succès de cette idée gigantesque d'union par une voie ferrée des extrémités de l'Afrique l'une à l'autre, pour livrer au commerce britannique toute cette terre vierge des nègres?

Paix ou guerre! Toutes ces questions s'entremêlent, se croisent, et le monde d'aujourd'hui, jetant au loin ses traditions de patience, de durée et de longue attente, porté sur les ailes de ses nouvelles découvertes, le rail et le télégraphe, se presse, se hâte, sans se donner ni trève, ni repos, vers les solutions.....

Le présent appelle l'avenir d'une voix convulsive, et malheur aux nations qui se laisseront surprendre par les événements, sans avoir suffisamment préparé les moyens de les conduire et de les dominer.

III

La lutte, comme nous l'avons dit, est certaine et déjà
elle est commencée. Continuera-t-elle sous la forme
pacifique ou sera-t-elle bientôt une lutte à main armée,
une guerre sans merci ? quel rôle y jouera la France ?
avec qui ou contre qui aura-t-elle à agir ? Ce sont
autant de questions que l'avenir seul éclairera et que
lui seul pourra résoudre.

Quelque obscures que soient toutes ces questions, et
quelque impossibilité qu'il y ait à en voir clairement
les solutions, la sagesse humaine exige que tous les
efforts soient faits pour avoir en mains le plus de
moyens d'action, soit pour se défendre et se garantir,
soit pour étendre son action partout où nos intérêts
sont engagés... Défendre son territoire et le préserver
de la souillure de l'étranger, c'est le premier et le plus
nécessaire des devoirs. Malheureusement, c'est une
question qui demanderait de bien longs développements et nous entraînerait bien loin. Nous n'essaie-
rons pas de la développer et, nous bornant à une vue
d'ensemble, nous nous contenterons de dire : Nous
avons fait de grands efforts, de nobles sacrifices pour
arriver à organiser d'abord, puis ensuite à créer les
moyens de concentrer sur nos frontières, en quelques
jours, des forces considérables et susceptibles de tenir tête à l'ennemi. C'est très bien, *mais nous n'avons
pas pris les précautions suffisantes pour couvrir nos frontières pendant les quelques jours nécessaires à notre mobi-*

lisation, c'est-à-dire pour assurer l'arrivée en ligne
de nos masses. Pendant ces quelques jours nécessaires
la frontière est ouverte et une agression de l'ennemi
est à craindre, puisqu'il entretient en tout temps à
Metz et Strasbourg une force toujours prête à marcher
et très supérieure à celles que nous pouvons lui opposer.

En fait, nous avons à Nancy quelques milliers
d'hommes, une division, et les Allemands ont en face
une armée. Aussi eux-mêmes, avec leur jactance ha-
bituelle, se vantent de venir la veille de la déclaration
de guerre surprendre nos troupes et prendre nos officiers dans leurs lits. C'est à cette crainte de voir cette
masse ennemie pénétrer soudainement dans notre territoire, que répond l'idée de fortifier Nancy, qui à
chaque instant reparaît dans les préoccupations pa-
triotiques de tout le monde. De l'autre côté, à Verdun,
c'est la même situation, un effectif de quelques milliers d'hommes en face de l'armée allemande de Metz ;
là aussi, malgré les fortifications de Verdun, malgré
les forts qui couvrent la région, et l'appui considérable qu'ils donnent à la défense du territoire, on ne se
sent pas absolument en état de barrer la route. En
fait, les Prussiens disposent là, à quelques pas de la
frontière, d'une force de 100.000 hommes et nous ne
serons sûrs de pouvoir faire respecter notre territoire,
de couvrir notre mobilisation et par suite de garder
nos chances de combattre à armes égales, que lorsque
nous aurons nous aussi à la frontière une couverture
capable de les arrêter net, de rendre coup pour coup et
de ne pas être obligés de céder le terrain.

C'est dire que la répartition sur le territoire de nos

corps d'armée est défectueuse et qu'il faut la modifier de façon à porter à la frontière une partie des troupes de l'intérieur.

Tant que cela ne sera pas fait, nous serons inquiets, parce que nous nous sentirons en danger. Cela fait, calmes et tranquilles, nous pourrons attendre le jour des combats. Il ne dépendra plus que de notre courage, de notre volonté et de notre inébranlable fermeté qu'ils soient heureux, et on peut être certain que les enfants de la France ne seront pas au-dessous de leur devoir.

Parés de ce côté et bien sûrs alors de pouvoir donner à notre alliée la Russie le temps de faire sentir le poids de ses forces dans la balance, nous attendrons l'avenir sans crainte.

Il ne me plaît pas de m'étendre sur ce sujet; il répugne en effet à mon patriotisme et à mes espérances de revanche d'insister sur cette pensée qu'il nous reste beaucoup à faire pour nous garantir de ce grave danger, de la crainte de voir l'ennemi pénétrer rapidement, même avant toute déclaration de guerre, au milieu de nos bases de concentration, empêcher le mouvement régulier de notre mobilisation, porter dès le début le trouble et le désordre dans nos mouvements et dans nos esprits, et nous obliger de commencer cette guerre par un mouvement forcé de recul, quand au contraire il faudrait marcher en avant. Que le Dieu des armées daigne inspirer à ceux qui nous conduisent la pensée de prendre enfin les mesures nécessaires pour que toute la frontière soit solidement gardée et que toutes nos forces puissent être mises en ligne à temps et agir toutes ensemble — en bloc et avec toutes les chances de succès.

Alors, absolument sûrs d'être à l'abri de toute surprise, de pouvoir combattre avec tous nos moyens,
nous pourrons compter sur la victoire et espérer voir
nos drapeaux arracher leurs voiles de deuil, et courir
de victoires en victoires. — Cela coûtera encore de
l'argent, bien sûr, mais l'argent ne manque pas, puisqu'on trouve chaque année des centaines de millions
pour créer des écoles sans élèves et pour faire de nos
enfants, malgré nous, des athées et des libres-penseurs;... pour leur enseigner qu'il n'y a point de
Dieu, point d'âme, point de distinction du bien et du
mal, et pour multiplier le nombre de fonctionnaires
sans emplois qui, en réalité, ne sont que des électeurs
payés pour falsifier le vote.

C'est là la seule précaution à prendre contre l'Allemagne, et lorsque cette grave question aura été réso-
lue et que nous serons délivrés de cette crainte an-
goissante de voir notre frontière envahie, et qu'alors,
et seulement alors, nous serons prêts à lutter avec
elle, nous devrons nous reporter de l'autre côté et
chercher ce que nous avons à faire en cas de lutte
avec l'Angleterre, qui elle aussi par ses envahisse-
ments, ses prises de possession sans cesse renouve_
lées, blesse nos intérêts — et fatigue notre patience.

Bizerte.

Quels sont donc les points principaux sur lesquels
la France a intérêt à fixer son attention afin de combattre l'influence anglaise et d'assurer sa libre action
d'abord dans la Méditerranée, ensuite sur le conti-

nent africain, puisque le continent africain est le terrain de lutte future ?

Dans la Méditerranée, il suffit de regarder la forme de cette mer intérieure pour trouver, à première vue, la seule solution qui nous intéresse et qui dépende de nous. Elle a la forme de deux ellipses réunies à leur centre par un passage étroit, par un étranglement qui rapproche la côte de Sicile de la côte de Tunis. — L'entrée du premier détroit, Gibraltar, appartient aux Anglais qui font encore de grands efforts pour en augmenter les moyens de résistance et y créer de puissants abris pour leurs flottes. A l'autre extrémité ils se sont aussi emparés de l'Egypte et du canal de Suez, que nous avons fait, mais que nous n'avons pas su garder. Ils sont donc maîtres de l'entrée et de la sortie.

De plus, ils se sont aussi emparés de Malte, qui dans leur pensée devait fermer l'étranglement qui existe entre les deux ellipses — et, là aussi, ils ont pris de grandes précautions pour que ce rocher reste leur propriété. Mais si l'on y fait bien attention, il est facile de voir que Malte commande bien l'extrémité est du détroit dans la seconde ellipse, mais n'en commande pas l'entrée, l'extrémité ouest. La conquête de la Tunisie, en mettant Bizerte entre nos mains, nous a donné un point particulièrement bien placé pour commander cette entrée; de sorte que nos flottes placées à Bizerte, en face de Toulon, peuvent à tout instant interdire l'entrée de la seconde ellipse de la Méditerranée — et que le commerce anglais, entré dans la Méditerranée par Gibraltar, ne peut parvenir à Alexandrie et au canal de Suez si nos flottes et nos croiseurs peuvent être maintenus à Bizerte et en sortir à tout instant pour intercepter le passage. Il suffit, pour que ce but extrêmement important soit atteint, que nos vaisseaux soient certains de pouvoir d'abord trouver à Bizerte un abri et une protection solide, ensuite des moyens de réparer leurs avaries après un combat, et des ravitaillements de toutes sortes, surtout en charbon.

La nature a tout fait pour que Bizerte remplisse toutes les conditions désirées. Il suffit, pour qu'elle satisfasse aux intérêts de la France dans la Méditerranée, d'y dépenser les sommes nécessaires pour en faire un arsenal et un port, en même temps qu'une grande place de guerre. Ce sera de l'argent bien-employé quelles que soient les sommes qu'on y dépensera, et quand nos flottes, après un jour de grande bataille, pourront y trouver abri, sécurité et ravitaillement, elles pourront livrer bien des batailles, puisqu'elles n'auront plus à craindre les pertes qu'imposent toujours les longues navigations après le combat.

C'est un intérêt de premier ordre, et notre pays doit savoir faire tous les sacrifices pour s'assurer là un élément de force et de puissance nécessaires, s'il veut que la Méditerranée ne soit pas bientôt un lac anglais. A la flotte de la Méditerranée je voudrais joindre, à un moment donné, celle de l'Océan, et par conséquent tourner Gibraltar. C'est une grosse dépense à faire que de construire un canal qui permette cette jonction, mais elle s'impose et elle coûterait moins en somme que l'obligation d'entretenir toujours deux flottes séparées et par conséquent toujours faibles.

Le second point essentiel, c'est de ne pas laisser tomber le continent africain entre les mains des Anglais et d'en avoir notre part, une part proportionnée aux immenses sacrifices que nous avons faits. Déjà elle nous a pris le canal de Suez, qui devait être nôtre; elle a pris l'Egypte et, son ambition grandissant, elle marche à l'accomplissement de cette œuvre colossale qui, en unissant par une voie ferrée Alexandrie au cap de Bonne-Espérance, mettra dans ses mains toutes les richesses du centre de l'Afrique.

Pourquoi ces efforts, pourquoi ces dépenses considérables, pourquoi cette ambition démesurée?

Nous l'avons dit bien souvent déjà, c'est le besoin de s'ouvrir des marchés; c'est la loi des nations civilisées : elles·ne maintiennent leur état de richesse et de bien-être qu'en multipliant leurs produits de toutes sortes, elles ne donnent travail et, par suite, pain et bien-être à leurs ouvriers, aisance et richesse à leurs patrons et manufacturiers, qu'à condition de produire et produire toujours.

Pour être riche, il faut par son travail d'abord produire beaucoup, ensuite vendre ses produits. — A quoi sert de produire beaucoup si on n'a pas de marchés, si on ne peut écouler ses produits, si on est condamné à conserver en main un stock énorme d'objets fabriqués qu'on ne peut transformer en argent, ou si l'on fabrique à un prix de revient supérieur à celui de la vente?

Sans marchés, l'encombrement se produit et entraîne la ruine. Il faut donc des marchés et toujours des marchés, et comme les nations civilisées produisent toutes énormément il faut chercher des marchés en dehors, chez les populations neuves. Chez elles on trouve des matières premières à bas prix et on écoule ses produits puisqu'elles ont besoin de tout, ne fabriquant rien. La production étouffe dans notre vieux monde et partout veut étendre son action, sur les sauvages, sur les nègres, pour leur créer des besoins nouveaux et leur vendre les moyens de les satisfaire. Aussi à l'envi les unes des autres toutes les nations font effort sur tous les points de l'Afrique pour prendre pied et étendre leur domaine.

L'Afrique, encore inconnue en partie, avec ses vastes solitudes, ses tribus en enfance, est le seul champ de bataille encore libre, et toutes les nations se hâtent de s'y découper une part. La France n'a pas manqué de subir cette loi d'attraction; voyez depuis quelques années les efforts qu'elle a faits, les succès qu'elle a obtenus. C'est le Dahomey qu'elle a conquis, c'est le Haut Sénégal, c'est le Soudan français, c'est Tombouctou, c'est le Niger qu'elle a remonté et exploré jusqu'aux cataractes de Boussa et même plus loin encore, jusqu'aux établissements de la compagnie anglaise, qui s'arroge des droits contraires à tous les traités et aux décisions de la conférence de Berlin sur l'embouchure du grand fleuve. La France, non contente de ses conquêtes, de tous côtés a lancé des explorateurs : c'est Monteil parcourant tout le Soudan et, nouveau Barth, rejoignant la France par Bilma et Tripoli après avoir visité le lac Tchad. C'est toute cette pléiade de jeunes et vigoureux officiers pénétrant au Mossi, au Massima, remontant l'Oubanghi et portant notre pavillon et le nom français au milieu de toutes les peuplades. — Quelle magnifique et puissante extension ! Elle remplit nos cœurs de joie et d'orgueil et sera la gloire de cette époque qui dans l'histoire n'enregistrerait sans elle que des disputes oiseuses, de mesquines persécutions ou d'ignobles trafics.

Et cependant, par une étrange aberration, ce gouvernement, qui par ses ministres des colonies peut revendiquer l'honneur et la gloire d'avoir créé ce magnifique mouvement en avant, n'en a peut-être pas eu toute l'initiative. Est-ce bien lui qui en a tracé le programme? son rôle ne s'est-il pas borné à laisser faire, à ne pas arrêter l'énergique élan de nos jeunes officiers? N'est-ce pas plutôt à eux et à eux seuls, à leur vitalité, à leur entrain, à leur sentiment juste et droit de la nécessité d'avancer toujours, que le succès est dû, plutôt qu'à l'impulsion venue d'en haut? On le croirait à voir l'effort venir toujours de la circonférence et non du centre, à voir de tous ces points du Sénégal, du Soudan, du Dahomey, du Niger et même du Congo, toutes ces tentatives multiples pour marcher vers le nord, pour se souder à l'Algérie et par elle à la France, tandis que de l'autre côté l'inertie est complète, absolue. Est-ce donc que deux volontés contraires, celle du ministre des colonies et celle du ministre résidant en Algérie, président à ces destinées — l'un ardent, énergique, plein de volonté de compléter l'œuvre coloniale, et l'autre craintif, timoré ou convaincu que son Algérie est complète, terminée, définie dans ses limites par l'infranchissable Sahara? Ou bien, hypnotisé par les malheurs de Flatters, Palat et Morès, s'est-il promis de ne plus rien essayer, rien tenter et d'attendre paisiblement dans sa plénitude que les efforts tentés ailleurs viennent résoudre la question? Pourquoi donc cette abstention? Ne voit-il pas ces fameux Touaregs, devant lesquels il s'arrête tout craintif, mis à la raison et soumis par quelques centaines de tirailleurs et de spahis sénégalais venus à Tombouctou malgré d'énormes distances? Ne comprend-il pas devant ces faits qu'il n'y a qu'à oser, et ne voit-il pas que ce Sahara, dont il a si grand'peur et à la traversée duquel il n'ose se lancer, est déjà franchi quand on est à Tamassinine; que le Sahara, ce sont les aregs, les grandes dunes, et qu'au-delà on retrouve eaux, troupeaux, populations; qu'en un mot, il a déjà traversé le Sahara et qu'il hésite devant le nom seul du désert, quand il est déjà de l'autre côté? Ne comprend-il pas quelle cruelle leçon viennent de lui infliger ces jeunes officiers que son collègue, le ministre des colonies, lui, a au moins le mérite de soutenir, d'encourager ou de laisser agir, en lui faisant parvenir un courrier de Tombouctou et lui souligner ainsi qu'on peut relier Tombouctou, le Sénégal, le Soudan à l'Algérie? Lui aussi en a des officiers tout prêts à toutes les aventures, à tous les services, et les moyens ne leur manquent pas; ils en ont mille fois plus que leurs camarades du Sud.

Chose étrange et monstrueuse, ce n'est pas l'Algérie, grande, riche, puissante, centre tout indiqué et forcé de cet immense empire colonial, qui cherche à s'étendre, à relier toutes les parties isolées, ce sont ces parties qui marchent vers l'annexion, qui tendent les bras pour s'unir, se souder, et l'Algérie, elle, dort paisible, tranquille, indifférente et inconsciente. Elle attend dans une somnolence léthargique et craintive... Mais elle ne fait pas un pas en avant... Ce n'est pas une mère attentive et dévouée qui suit pas à pas ses enfants, les entoure de ses soins et leur prodigue les ressources que de longtemps sa prévoyance a accumulées, qui soutient leurs pas chancelants..., qui aide à leur développement, applaudit à leurs premiers efforts. Bien loin de là, comme une marâtre dénaturée, elle s'en désintéresse, et, abandonnant tous ses nouveau-nés, Congo, Dahomey, Sénégal, Côtes de Guinée, etc., elle ne fait pas un pas vers eux et, s'enfermant dans son égoïsme, elle vit pour son compte, occupée seulement de son bien-être, de sa fortune.

Pourquoi ce rôle, qui méconnaît toutes ses destinées, tout son avenir, ce grand rôle, que l'avenir lui destine, de reine et de souveraine de cet immense empire allant des bords de la Méditerranée à l'Atlantique d'une part, de l'autre de la côte de Guinée aux sources de l'Oubanghi? Pourquoi celui qui préside aux destinées de la colonie n'ose-t-il pas? Est-ce qu'il n'a pas compris ces destinées de l'Algérie, est-ce qu'il n'a pas en rêve vu, dans un mirage grandiose, tous ces peuples orner le diadème de sa couronne et couvrir ses marchés de leurs produits inconnus? Est-ce qu'il a peur du Sahara, des Touaregs cachés sous leur sombre voile, ou bien est-ce que, subordonné aux politiciens que les intérêts israélites chargent de négocier avec lui les affaires de la colonie, il n'ose pas se libérer de leurs méprisables volontés et de leurs mesquines exigences...?

Cependant, déjà il s'est passé sous son gouvernement des faits qui auraient dû éclairer son esprit, lui faire comprendre que c'est une erreur dans ces pays, comme partout, d'espérer la paix en restant sur la défensive; que, là comme ailleurs, il faut, si l'on veut être respecté, prendre l'offensive et toujours marcher de l'avant. Il en a été ainsi toujours ; c'est la loi, loi à laquelle on ne peut se soustraire sans subir tout de suite de redoutables hasards.

Voyez plutôt : vous n'avez pas osé traverser ce Sahara, le franchir et imposer au delà votre volonté, votre influence. Vous avez espéré vous couvrir en bâtissant des forts, en créant des troupes chargées de défendre l'accès du Sahara ; ces troupes nouvelles, troupes sahariennes, vous n'avez rien négligé pour leur donner les moyens de remplir leur mission, pour les mettre au-dessus de tous les efforts de l'ennemi. Il semblait que dorénavant le Sahara était nôtre et à l'abri de toute insulte. Vain espoir ; précisément depuis que vous avez construit ces forts, que vous y avez mis des garnisons, voilà les actes d'agressions qui se multiplient, se font de plus en plus audacieux... Le résultat c'est qu'au lieu de protéger la colonie, vous avez attiré et produit sur elle l'insulte... Oh ! je sais bien que tout cela n'est pas bien dangereux, que cela se passe loin, et ne trouble pas la vie paisible, affairée, luxueuse des marchands de la colonie, que cela ne fait pas à Alger baisser la Bourse..., etc...

Cela n'en est pas moins un danger constant à l'horizon, danger qui peut croître, grandir et devenir, à certain moment et sous certaines excitations, d'une certaine gravité. Danger que, du reste, vous avez bien senti, puisque vous avez, pour y parer, organisé sous les ordres d'un officier supérieur une espèce de contre-guérilla, qui est allée porter les représailles à d'immenses distances et sur des points où jamais encore la puissance de la France ne s'était fait sentir. L'officier qui a accompli ces prouesses a montré en ces occasions de remarquables et exceptionnelles qualités

d'énergie, d'endurance, de puissance de commandement, et une connaissance des gens et des lieux qui
inscriront son nom à hauteur de ceux de ses célèbres
et glorieux prédécesseurs les Margueritte, les de Sonis,
les de Colomb, etc. etc.,

C'est sans réserves que nous admirons le dévouement de ceux qui accomplissent ces tours de force,
car ayant nous-même beaucoup couru le Sahara, nous
savons ce qu'ils exigent de santé, d'énergie et d'influence.

Cependant, malgré mon admiration et les louanges
qu'il mérite à un haut degré, qu'il me soit permis de
dire que, tout en admirant l'officier, je n'approuve
pas l'acte lui-même et que je ne suis pas du tout par-
tisan de ces ghazzias à longues distances.

Si l'on y réfléchit et qu'on se donne la peine de se
rendre compte de l'histoire de ce pays, on verra que
de tout temps ces populations se sont fait la guerre par
des ghazzias semblables. C'est là leur état, leur manière
de vivre, et chaque individu n'y est pas considéré
comme un homme s'il ne fait pas la course, s'il ne va
pas en ghazzia. Espérer les faire cesser en allant soi-
même en ghazzia, c'est commettre une lourde erreur :
en y allant, on provoque des représailles; plus on ira,
plus on en provoquera. Comment, vous croyez que
parce que vous avez ghazzié des pillards, ils cesseront
de piller ! C'est méconnaître leur nature. Les pillards
pillent par amour de l'art, par vantardise, par amour-
propre, par gloriole, et aussi pour faire argent du butin. Vous croyez qu'ils renonceront à cette vie parce
qu'une fois ou deux vous en tuerez quelques-uns et
leur enlèverez leur butin. Mais, de père en fils, ils

se tuaient et se pillaient. Est-ce que vous seul pouvez faire ces longues pointes? Mais ils en font tous les jours, c'est leur bonheur cela, c'est leur vie, et qui que vous soyez, quoi que vous fassiez, ils vous rendront des points. Ce n'est point ainsi que vous en aurez raison... Espérer que vous les en dégoûterez..., que vous les forcerez à y renoncer, c'est un vain espoir.

Depuis longtemps la preuve en est faite. Combien de fois déjà, nos colonnes, nos goums leur ont infligé de sanglantes défaites, les ont atteints à des distances de plus en plus considérables, à travers des pays de plus en plus désolés...! Toujours on a cru que la dernière leçon, la dernière punition résoudrait la question, toujours ils ont reparu ; toujours du fond du désert, au moment où le calme est complet, où la paix paraît à tout jamais assurée, ils sont revenus et toujours dans les mêmes conditions... Le seul résultat est d'éloigner de plus en plus le point de départ : aujourd'hui, au lieu de se former à Ouargla, au Mzab, à Tuggurth, ces bandes de révoltés se forment dans le Touat, au Gourara, au Hoggar.

Il faut donc bien se rendre à l'évidence : la paix, l'ordre ne seront obtenus que lorsque tout sera vôtre, lorsque votre influence s'étendra partout, que lorsque vous aurez osé étendre la main sur le Gourara, sur le Touat d'un côté, de l'autre marché en avant et porté votre influence sur le monde touareg. Là surtout est la solution complète, radicale ; là est le moyen de dominer toute cette partie de l'Afrique qui doit être nôtre, de contrebalancer la fortune anglaise et de rivaliser avec cette éternelle ennemie.

Voyez donc : le peuple touareg est le maître du Sahara, lui seul y fait la loi, lui seul est en possession de tout le littoral du Soudan, lui seul y conduit les caravanes, lui seul en ramène les esclaves. De Tombouctou à Kouka, tout lui est tributaire. Par suite, tout le commerce est entre ses mains, et si vous voulez pénétrer ces contrées et en tirer tous les produits variés qu'elles renferment, il faut que le Touareg soit pour vous l'intermédiaire, le convoyeur et le commissionnaire. Vous n'êtes pas encore convaincus que ce commerce ait quelque valeur, alors expliquez-moi pourquoi l'Anglais, l'Anglais qui n'entreprend rien jamais qu'au point de vue de son intérêt commercial, fait de si grands efforts, s'engage dans tant d'entreprises difficiles, dépense tant d'argent pour lier l'Egypte au cap de Bonne-Espérance. Pourquoi cet immense chemin de fer, si ce n'est pour extraire de l'Afrique ses nombreuses richesses. Bien sûr, s'il n'était pas convaincu de ces richesses, il ne se donnerait pas tant de peine, ne dépenserait ni tant d'efforts, ni tant d'argent ; c'est la preuve la plus indéniable des richesses que contient cet immense continent. Mais, pour en avoir votre part, il faut aller de l'avant, il faut le pénétrer. C'est une vérité de même ordre et de même évidence que nous émettions tout à l'heure quand nous disions que pour avoir la paix en Algérie et dans le Sahara, ce ne sont pas des ghazzias qu'il faut faire, mais des marches en avant et des prises de possession définitive de territoires.

Nous étudierons d'abord la marche en avant dans l'est ou les moyens de mettre le peuple touareg sous notre influence, puis la prise de possession du Touat.

J'ai affirmé bien des fois et j'estime encore aujour-
d'hui, après bien des années de discussion publique,
que, après le soin de sa puissance dans la Méditerranée,
l'intérêt majeur de la France en Afrique est au lac
Tchad et que c'est à ouvrir cette route par le pays des
Touaregs Asdger que doivent tendre tous les efforts...
La question a été, comme je le dis, discutée sous tous
ses aspects, et malgré toute l'ardeur que les représentants des intérêts de la province d'Oran ont pu apporter
dans leurs affirmations, il n'en est pas moins devenu
certain que la liaison du Sud oranais à Tombouctou
ne donnera à la mère patrie qu'une mince portion de
l'empire désiré, et qu'un chemin de fer, même poussé
jusqu'à Tombouctou, n'aurait qu'un résultat politique
restreint en même temps qu'il créerait au commerce
sénégalais une concurrence nuisible. La moindre
étude des faits permet d'affirmer qu'il faut choisir
entre les deux chemins de fer, celui du Sénégal au
Niger ou celui de l'Algérie au Sénégal. Quant à poursuivre l'exécution des deux à la fois, c'est assurément
inutile et ce seraient des dépenses considérables en
pure perte. Il est tout aussi évident que ce dernier
chemin de fer ne donne à la France aucun accroissement de puissance et d'influence dans l'est de l'Afrique, c'est-à-dire précisément dans la direction où nous
avons à craindre l'influence et la prépondérance
anglaises. Ce à quoi nous devons nous efforcer de nous

opposer, c'est à la jonction du cap de Bonne-Espérance à l'Egypte, et si nous ne pouvons pas empêcher absolument cette jonction, ce qu'il nous faut poursuivre avant tout, c'est d'en empêcher les conséquences au point de vue commercial, au point de vue du drainage de toutes les richesses du centre de l'Afrique par ce chemin de fer et ses affluents. Pour cela il n'y a qu'un moyen possible et évident, c'est de prendre nous-mêmes position au centre principal de production, au lac Tchad. Les efforts de tous les explorateurs démontrent l'importance que toutes les nations attachent à y parvenir. Nous-mêmes avons déjà multiplié de ce côté les explorations et nous seuls avons eu le grand succès d'y voir un de nos explorateurs, le commandant Monteil, y parvenir dernièrement, à sa grande gloire et au grand profit possible de notre pays si, sans perdre de temps, nous savons profiter de son succès et le compléter.

Je n'entends pas par là qu'il faille, comme quelques-uns semblent nous en avoir attribué l'idée, se lancer dans la construction totale d'un chemin de fer trans-saharien. S'ils s'étaient donné la peine de lire avec quelque peu d'attention notre brochure et ne s'étaient pas arrêtés au titre seul, ils y auraient vu sans peine que le transsaharien, dont nous proposons la construction, ne dépasserait pas Ouargla et que le reste n'était à compléter par tronçons successifs qu'au fur et à mesure que la marche progressive des choses en démontrerait l'utilité. Ce tronçon, établi jusqu'à Ouargla, nous a paru indispensable pour nous mettre en relations et en contact avec le peuple touareg, élément nécessaire de notre marche en avant à l'intérieur de l'Afrique et qui restera hostile, tant que nous serons séparés de lui par les dunes devant lesquelles nous reculons depuis l'accident arrivé à Flatters et que nous semblons croire aujourd'hui une barrière infranchissable, alors que depuis longtemps déjà nous les avons plusieurs fois traversées par nos explorateurs Bou Derba, Flatters, Méry, d'Attanoux, le Père Hacquard, etc., et que déjà nous y avons établi un poste assez rapproché du bord sud.

Qu'on ne cherche pas là un prétexte non plus pour nous accuser de rêver des expéditions fantastiques à conduire dans ces pays lointains. Ce n'est pas du tout là notre pensée — et nous le disons d'une façon claire — ce ne sont ni nos soldats, ni nos commerçants que nous voulons pousser au lac Tchad, ce sont les Touaregs seuls que nous voulons décider à agir sous notre influence et à notre volonté, parce que ce sera leur intérêt et qu'en servant le leur, ils serviront les nôtres dès que nous serons en relations suivies avec eux.

Nous disons que les essais tentés par le Sénégal, le Congo, le Niger, etc., ne conduisent pas au succès, ne résolvent pas le problème. C'est que là, l'action est en sens contraire des traditions de tous les peuples, habitués, comme l'a fort bien dit M. Fock, à voir les conquérants et les maîtres venir du nord et non du sud; aussi, parce que, comme je l'ai fait remarquer plusieurs fois, ces explorateurs, malgré toute leur bonne volonté et leur héroïsme, n'ont derrière eux, à leur point de départ, aucunes ressources qui puissent leur permettre de fonder quoi que ce soit... N'est-ce pas donc démontrer que c'est du nord, de l'Algérie, qu'il faut partir et non du Sénégal, du Congo ou du Niger ?

« Quand on veut établir une voie de navigation, on commence par regarder sur le terrain de quel côté est la pente, l'écoulement naturel des eaux. Par des travaux d'art on réunit tous les filets d'eau, on en augmente le débit, on les canalise, et la voie est ainsi créée. » Pour savoir et comprendre de quel côté il faut marcher vers le lac Tchad, le problème n'est pas plus difficile à résoudre. Par où s'alimente le commerce local, quels courants suit-il ? Le commerce vient du nord. Il vient de Tripoli par Ghadamès, Bilma ; du Maroc par Tendouf, Insalah, le Touat, Taodeni, Araouan, etc., et non par le Sénégal et le Congo dont l'apport est de peu d'importance. Autrefois, il venait aussi de la Tunisie et de l'Algérie par Ghadamès, Ouargla, Rhatt, Amguid, Agadès, etc. ; en un mot, le commerce était en entier entre les mains des Touaregs, qui convoyaient les caravanes, importaient au Soudan le sel et en ramenaient les esclaves. Touaregs Asdgers pour Tripoli, la Tunisie et l'Algérie ; Touaregs Hoggars et Taïtoks pour le Maroc. Il n'est pas difficile d'aller à Rhatt, ni de Rhatt à Kouka, Kano, Sinder ; nos Algériens y allaient autrefois et les Tripolitains y vont tous les jours. Entre l'Algérie et les Touaregs il n'y a que deux obstacles, les dunes ; nous savons par maintes expériences que c'est un obstacle facile à vaincre, et les Chambas dissidents, qu'il n'est pas non plus difficile de mettre à la raison, puisqu'il suffit de leur enlever leurs refuges des ksours du Gourara et du Touat. En vérité la France donne au monde un ridicule spectacle en s'arrêtant devant ces deux fantômes. Comme nous

l'avons déjà dit, elle prend des bâtons flottants pour
des flottes de guerre; quand on voudra passer, on
passera, mais il faut cesser ce jeu de missions an-
nuelles allant demander le passage sans intention
de passer et simplement pour se donner à Paris la
gloire d'avoir tenté un voyage d'exploration aussi
dangereux et aussi difficile. On se fait ainsi une répu-
tation d'hommes audacieux, mais à la longue, à force
de répéter ce jeu, on finirait par éveiller les craintes
de ces populations et leur faire croire qu'on vient
se renseigner sur leur pays, en étudier les difficultés
et les moyens de défense dans l'intention d'en faire
la conquête. Changeons de système, sachons ce que
nous voulons, arrêtons notre programme et mettons-
nous franchement en route.

L'objectif, c'est le lac Tchad, parce que le lac Tchad
est le centre, le point important de l'intérieur africain; c'est là que toutes les eaux aboutissent, par
conséquent c'est de là que partent tous les chemins
qui conduisent dans l'est. Je sais bien qu'il y a déjà
un explorateur qui y est arrivé en partant du Sénégal;
c'est assurément un voyage d'une importance capitale et celui qui l'a accompli a droit à la reconnaissance publique, mais le Sénégal a bien peu de ressources pour étendre aussi loin son action. Le Sénégal
est lui-même un pays en formation; ses ressources
en hommes, en argent, sont très limitées et il n'est
pas en état d'étendre la main aussi loin. D'autres
explorateurs, sur les traces du malheureux Crampel,
cherchent aussi à joindre nos possessions du Congo
au lac Tchad. Nobles efforts que nous désirons vive-
ment voir couronner de succès; mais le Congo lui-

même est une base encore moins organisée et moins capable que le Sénégal de soutenir et d'aider ces· explorateurs.

Pourquoi donc de tous ces points s'acharne-t-on à poursuivre une œuvre si difficile et ne veut-on rien essayer, rien faire en partant de l'Algérie ? Le chemin du nord n'est ni plus long ni plus difficile et au moins l'Algérie offre des ressources considérables de toutes sortes que les autres pays n'ont pas. De plus, qui peut douter qu'une fois la route créée, le commerce algérien ne puisse en tirer un parti plus considérable que le commerce sénégalais, si restreint, ou le commerce à peu près nul du Congo ?

Le 31 août, je lisais un article du *Figaro* dans lequel il est dit que : « Deux missions françaises, l'une partie de nos postes du haut Oubanghi, l'autre partie d'Abyssinie sous le commandement de M. de Bonchamps, second de M. Bonvalot, étaient en route pour essayer de se joindre dans la vallée du Nil.

» L'expédition de l'Oubanghi serait arrivée depuis 4 mois déjà à Fashoda. Quant à celle de M. de Bonchamps, dont les moyens d'action et de succès ont été donnés par l'empereur Ménélik, elle a expédié à la date du 12 juin des lettres annonçant qu'elle se trouvait sur les rives du Dinder, principal affluent du Nil Bleu. Grâce au puissant concours des Abyssins convoyeurs, des soldats d'escorte fournis par l'empereur et aux ordres donnés à tous les raz, M. de Bonchamps espérait accomplir la seconde partie de son voyage aussi heureusement que la première et comptait arriver sur la rive droite du Nil avant la fin d'avril. Malgré toutes les difficultés, M. de Bonchamps a obtenu du

négus un concours qui lui a permis de planter le drapeau français sur les bords du Nil et d'y établir des
postes qui, complétant la série de ceux établis par la
mission de l'Oubanghi, couperaient la ligne d'Alexandrie au cap de Bonne-Espérance. »

Voilà vraiment un succès prodigieux et inespéré, qui
montre clairement ce que peuvent nos officiers et nos
nationaux, même sans ressources, sans moyens, lorsqu'on leur laisse la liberté d'action. Avec quel entrain,
quelle vigueur ils se lancent dans toutes les aventures
et en sortent à leur honneur ! Partout, au Sénégal, au
Dahomey, sur l'Oubanghi, ils sont en pleine action.
Pour toute armée, ils ont avec eux quelques Sénégalais, quelques nègres et ils conquièrent des royaumes !

Pourquoi donc, en Algérie seulement, ne voulez-
vous pas les laisser agir ? Est-ce que ceux d'Algérie
n'ont pas les mêmes qualités de vie, d'énergie, de volonté, d'initiative ? est-ce qu'ils n'ont pas là aussi dans
les populations des ressources mille fois supérieures ?
est-ce que l'Algérie n'est pas pleine d'anciens tirailleurs prêts au moindre signal à marcher à leur suite
partout où ils voudront les conduire ? Mais j'en ai fait
le décompte dans une brochure publiée récemment
sous le titre : *Partage de l'Afrique*, et j'en ai trouvé
25.000 au moins, 25.000 que le gouvernement laisse
inutilisés en cas de guerre et qui seront alors un grand
danger, car s'ils ne sont pas avec nous, ils seront contre, et nous savons qu'ils sont bons soldats.

C'est donc une mine inépuisable ; on trouvera là de
solides compagnons pour toutes les explorations. C'est
un intérêt de premier ordre pour nous de les employer,
de ne pas les laisser pendant de trop longues années

de paix s'irriter contre les difficultés de la vie journa-
lière et peu à peu se transformer de bons serviteurs en
mécontents, prêts à la lutte à la première occasion.
Mieux vaut les entraîner à marcher de l'avant et à
ouvrir la route. Ils nous fourniront des garnisons pour
tous les postes que nous créerons et des soldats par-
faits pour toutes les courses et toutes les petites expéditions nécessaires pour faire la police de la route.
Par le fait, nous obtiendrons deux avantages précieux :
ils nous conduiront où nous voulons aller et nous di-
minuerons leur nombre en Algérie où, en cas de
révolte, ils seraient un grand danger.

C'est une idée des plus logiques que celle de pousser
le plus possible ces populations dans le désert et de les
y utiliser en leur faisant faire place à la colonisation
française.

J'avais, dans le *Partage de l'Afrique*, demandé avec
instance que, en cas de guerre et de mobilisation générale, on ne laissât pas en Algérie ce nombre énorme
d'anciens tirailleurs au milieu des populations et que
par un ensemble de mesures on les fît revenir sous les
drapeaux, comme y reviennent nos réservistes français; qu'au besoin, pour y parvenir, on substituât au
système des engagements volontaires le système de la
conscription, *bien entendu* avec tous les ménagements
que comporte l'état social de ces populations. Je ne
crois pas que l'on ait rien fait pour atteindre ce but
qui cependant a une importance considérable. On
s'est arrêté devant la crainte que la conscription
ne provoque chez les indigènes un mécontentement
pouvant aboutir à un mouvement insurrectionnel.
C'est là un danger facile à conjurer par la manière

dont on appliquera cette loi de la conscription et nous avons prouvé qu'il était facile de l'alléger assez pour n'avoir pas à le craindre. Du reste la preuve est faite, puisque la conscription fonctionne en Tunisie et n'a jamais eu le moindre résultat fâcheux. Sans doute, ce n'est pas la conscription, telle que nous l'appliquons en France, mais qu'importe et pourquoi nous laisserions-nous arrêter par l'idée d'une complète égalité? En France même on a été obligé d'y renoncer devant les exigences de la vie nationale et les uns font trois ans, les autres un an. S'il y a donc des ménagements nécessaires en France, à plus forte raison doit-on en admettre en Algérie, pour des populations qui n'ont pas les mêmes raisons que nous de se soumettre aux obligations nécessaires.....

Je soutiens donc cette idée, qu'il faut relier toutes ces conquêtes du Sénégal, du Soudan, du Dahomey, du Congo, de l'Oubanghi, à l'Algérie, afin d'en faire un tout, et que l'Algérie seule est une vraie base d'opération, qu'elle seule peut fournir les ressources en argent, commerce et hommes; qu'il faut franchir le Sahara, c'est-à-dire les dunes déjà traversées nombre de fois et se mettre en contact direct et rapproché avec les Touaregs, — avec lesquels, du reste, déjà nous avons le contact à Tombouctou. — Si nous ne le faisons pas, toutes ces possessions éparpillées et semées tout le long de la côte de l'Atlantique restent désunies, abandonnées à leurs seules ressources, et des faits récents viennent prouver que les forces dont chacune dispose sont si restreintes qu'elles sont exposées à des échecs, qui risquent de détruire le prestige acquis et par suite de les mettre fort en danger. Je trouve

cette idée du danger d'échecs successifs très nettement exprimée par le colonel Humbert dans un article
du 23 septembre 1897 : « Ce qui est même surprenant,
dit-il, c'est qu'il n'en arrive pas plus souvent, étant
données la faiblesse de nos effectifs et la répartition de
nos forces en une multitude de petits paquets qui sont
autant de proies pour un ennemi un peu entreprenant.
— Ces petits échecs répétés sont de gros dangers. — Les
noirs étaient jusqu'à présent habitués à nous considérer
comme invincibles : ces désastres leur prouvent notre
faiblesse toujours croissante avec l'extension de nos
conquêtes. Maintenant donc, il faut prendre des
résolutions et savoir ce que l'on veut faire et où l'on
veut aller, ce que jusqu'à présent on n'a jamais fait. »

M. le Ministre des colonies vient de faire un voyage
dans ces contrées. Il n'a encore rien transpiré des résolutions qui ont dû lui être inspirées par la vue de
ces pays si différents du nôtre et par la fréquentation
des autorités qui sont chargées de leur direction. Sans
doute, elles comporteront la volonté d'augmenter les
moyens et les ressources dont elles disposent, afin que
le mouvement en avant ne soit pas enrayé. Mais si
le ministre se borne à persévérer seulement dans l'idée
de poursuivre le complément de cette œuvre en conti-
nuant à agir de la circonférence vers le centre, nous
croyons que l'œuvre sera longue à faire et à réaliser…
— Ce n'est pas de Tombouctou qu'on mettra fin à l'hostilité des Touaregs, ce n'est pas du Sénégal qu'on fera la
jonction avec l'Algérie. C'est déjà beaucoup que de
Saint-Louis on soit arrivé à Tombouctou. En somme,
le Sénégal, quelque valeur qu'aient ses agents, n'a
qu'une force d'expansion limitée. Il n'a ni assez de

soldats, ni assez de ressources pour aller plus loin...
C'est du nord que le mouvement doit venir, puisque
c'est au nord que sont argent, hommes et ressources
de toutes sortes.

Notre empire colonial éparpillé tout le long de cette
côte de l'Atlantique et séparé en petits États isolés
les uns des autres est partout, en cas de guerre, en
prise aux flottes de l'Angleterre. Quel sera son centre
de défense, qui groupera les ressources, les moyens,
qui donnera la direction? Paris s'en chargera-t-il
directement? C'est une charge bien difficile que de
conserver relations et moyens de direction à travers
l'Océan, et nos escadres de la mer du Nord auront bien
autre chose à faire. C'est Alger qui doit être le vrai
centre, c'est la flotte de la Méditerranée avec Bizerte
et Toulon qui doit garder la liaison avec la mère patrie
et c'est sur la Méditerranée que doit être la capitale de
ce vaste empire. Hâtons-nous donc d'en réunir les
diverses parties, de les lier les unes aux autres, de
leur donner les moyens de communiquer ensemble,
d'en faire un tout et d'organiser en Algérie les ressources nécessaires pour nous assurer la possession
de cet immense empire.....

Beaucoup assurément traiteront de rêve cette idée
de contenir tous ces États par l'Algérie à cause de la
distance considérable qui les en sépare. C'est un
rêve, en effet, si on n'appelle à son secours les chemins
de fer. Mais si l'on suppose un chemin de fer pénétrant ces contrées, ces distances sont franchissables et
il devient facile de les parcourir.

C'est bien ainsi que l'a compris le grand explorateur
Stanley, quand il a dit : L'Afrique appartiendra à ceux

qui y créeront les premiers des chemins de fer..... Il
faut .comprendre cette affirmation, non pas en ce sens
qu'on doive entreprendre la construction immédiate
de multitudes de kilomètres de chemins de fer, mais
simplement que chaque année on avance d'un certain
nombre de kilomètres.....

C'est ce que font les Anglais; du sud, ils ajoutent
chaque année quelques tronçons dans la direction du
nord, — du nord, quelques tronçons vers le sud, avec
la volonté consciente et arrêtée de continuer à progresser ainsi, autant que faire se pourra, jusqu'à ce que
la jonction soit faite et avec la conviction que chaque
rail posé facilite et rend plus rapide la pose du suivant.

C'est ainsi que la Russie marche à la conquête de
l'Asie. S'est-elle arrêtée craintive devant l'immensité des distances, devant l'hostilité des peuplades
qu'elle rencontrait sur sa route, devant l'énormité de
la dépense, devant des dunes tout aussi désolées et
tout aussi étendues que celle des Aregs africains?

Bien sûr, il n'est pas possible de tout faire à la fois,
mais mettons-nous en route, marchons, avançons, —
car si nous ne le faisons pas, si nous restons au bord,
hypnotisés par la crainte du Sahara, nous n'aurons
pas ce grand empire, que nous rêvons; jamais nous
n'aurons sécurité en Algérie et bientôt nous verrons
notre commerce et notre industrie, déjà réduits à **un**
rang honteux, diminuer encore.

Touat. — Gourara.

Une brochure publiée récemment, et reproduisant une conférence faite à la réunion de MM. les officiers de Sidi-bel-Abbès, sous le titre de *L'Expédition du Touat*, reconnaît la loi de la poussée vers l'intérieur, que nous avons nous-même affirmée depuis longues années et que Margueritte avait, bien longtemps avant nous, dès 1862 ou 1863, proclamée... et nous sommes absolument de son avis lorsqu'il s'écrie : « 60 ans après la conquête nous sommes aussi avancés que les Romains après 600 ans. Quels magnifiques résultats n'eût-on pas déjà obtenus en Afrique, si les deux derniers siècles eussent versé sur cette terre les milliards et les générations sacrifiés sans profit dans des guerres européennes !... »

Mais quoique d'accord avec lui sur l'utilité, sur la nécessité de la domination de la France sur ces pays, nous ne le sommes pas sur les moyens à employer pour l'obtenir.

Il propose de conduire dans ces contrées trois expéditions convergentes :

La première partant de Laghouat, ayant pour objectif Insalah sur lequel elle marcherait par le Mzab, El-Goléah et Fort-Miribel, marche de 1.500 kilomètres à travers un pays où les points d'eau sont rares et où les puits peuvent à peine abreuver 100 chameaux par jour. Aussi, se rendant bien compte des difficultés et des immenses dépenses d'une pareille entreprise, il réduit cette colonne à un effectif très faible et seulement à des troupes indigènes, et cependant il commet l'inconséquence de vouloir occuper Insalah et y placer un fortin avec un détachement de troupes pour le garder.

L'occupation d'Insalah est, à notre avis, absolument inutile et nous croyons l'avoir démontré dans nos deux brochures précédentes, publiées par l'éditeur Lavauzelle dans la *Revue universelle* sous les titres : « Vue d'ensemble de l'Afrique française; » — « Le Partage de l'Afrique. » En somme, cette colonne, telle qu'il la compose, n'est qu'une diversion de peu d'importance et son action doit être entièrement subordonnée à celle de la colonne principale partant d'Aïn-Sefra et n'avoir lieu que lorsque l'effet cherché par cette dernière sera entièrement produit.

La deuxième colonne que l'auteur met en mouvement part de Géryville et marche sur le Gourara : 200 kilomètres de grandes dunes à traverser, impraticables aux mulets, pénibles pour les fantassins. Aussi veut-il composer celle-là de chameaux et d'indigènes. Il se borne à supputer le prix de revient et il termine en remarquant, qu'il faut franchir quatre journées de marche sans eau.

Je sais bien que beaucoup affirmeront que les Ouled-Sidi-Cheickh, redevenus nos amis et tout-puissants dans ces contrées, assureront le succès de l'expédition et que, conduits par eux, il n'y a point de dangers à redouter; c'est au contraire un triomphe certain… Moi, je n'ai pas, à cet égard, une confiance absolue. Je crois bien que les représentants actuels des Ouled-Sidi-Cheickh ont, par suite de la révolte de leurs pères, été réduits à une situation précaire qui leur a été pénible; qu'ils ont en ce moment envie de bien-être, de jouissances, de grandes situations, et que pour les obtenir ils sont disposés à nous servir... Mais je sais aussi que s'ils ont un parti dans ces contrées, il y a beaucoup d'ordres religieux qui sont leurs rivaux ; que les Derkaoua, les Khouans de Mouley-Taïeb et bien d'autres leur sont hostiles par ambition et par situation, et je ne suis pas si sûr que cela qu'ils pourront tenir leurs promesses. De plus, chez les musulmans, il y a toujours un sentiment d'hostilité générale contre le chrétien qui donne aux gens grande puissance pour agir contre nous — grande faiblesse quand ils agissent pour nous. Le mieux est de compter sur nous-mêmes, de nous servir d'eux si nous le pouvons, mais de ne pas lier absolument notre fortune à la leur. La France est assez forte pour ne pas paraître se mettre à la remorque de qui que ce soit, surtout de marabouts fanatiques comme les Ouled-Sidi-Cheickh.

Au fond, c'est une simple diversion indigène comme l'autre et d'un succès tout aussi douteux que celui de la précédente, car enfin, si Timimoun ou Deldoun ou quelque autre des ksours, mécontent de voir son indépendance menacée, n'ouvrait pas ses portes et se montrait hostile, que feraient ces indigènes ? Ils n'auraient aucun moyen de vaincre la résistance et n'auraient qu'une chose à faire, revenir au plus vite, en montrant une fois de plus l'impuissance de la France.

Enfin la troisième part d'Aïn-Sefra, point terminus du chemin de fer, descend l'oued Zousfana et suit l'itinéraire naturel, dans une vallée habitée où l'on trouve de l'eau et des ressources à chaque étape...; route que, par conséquent, peuvent sans peine suivre toutes les troupes, même les troupes européennes; vallée que plusieurs expéditions ont déjà suivie et où, par conséquent, il n'y a aucun aléa à craindre.

Là, nous sommes absolument d'accord avec le conférencier et l'écrivain. C'est là la vraie route, la seule route à suivre et il est extraordinaire et incompréhensible que ce ne soit pas chose faite depuis longtemps.

Il y a déjà 6 à 7 ans que le regretté chef d'état-major général de l'armée, le général de Miribel, m'avait demandé sur ce sujet de lui soumettre un projet, et que ce projet, concluant à ces trois propositions :

1° Expédition descendant l'oued Zousfana jusqu'à Igli;

2° Prise de possession du pays par la construction d'un fortin à Igli et l'établissement d'une ligne de marche sur Igli;

3° Continuation du chemin de fer d'Aïn-Sefra jusqu'à Nakhlet-El-Brahimi, c'est-à-dire jusqu'à la sortie de la montagne, avait obtenu son approbation, et, par lui, avait été présenté au ministre de la guerre de l'époque qui l'avait bien accueilli.

S'il ne fut pas exécuté alors et si la solution n'est pas plus avancée, ce n'est pas sur le ministère de la guerre qu'il faut rejeter la responsabilité, mais bien sur le ministère des affaires étrangères. J'ignore quelles raisons ce dernier fit valoir, même s'il se donna la peine d'en produire, mais il est à supposer qu'il agita le spectre des dangers internationaux, tout en affirmant cependant, par la voie d'un des ministres de l'époque devant la Chambre des députés, que l'affaire du Touat était une simple affaire de police intérieure...

Cette simple affaire de police intérieure que le ministre d'alors semblait croire, en la qualifiant ainsi, des plus faciles à régler, entraîne M. le conférencier de Sidi-Bel-Abbès dans des calculs de dépenses qui le conduisent à l'énorme total de trois millions... De plus, somme encore plus effrayante, il demande trois millions et demi par an pour l'entretien des postes que l'occupation de ces pays exigerait.

Ce sont là des sommes qui dépassent de beaucoup la valeur du pays que l'on veut conquérir et qui seraient, si elles étaient vraiment nécessaires, de nature à faire renoncer absolument à la conquête.

Dieu merci, ce sont là des exagérations qui prouvent simplement certaine ignorance du pays et des conditions dans lesquelles il se trouve vis-à-vis de la France et de notre colonie africaine. Nous avons déjà traité cette question avec de grands développements dans notre brochure du *Partage de l'Afrique*; nous nous bornerons aujourd'hui à résumer les conditions que nous énumérions alors...

Le Touat et le Gourara n'ont, à travers les *grandes dunes* qui les entourent de tous côtés et sont partout ailleurs infranchissables, que deux voies de communications possibles...

Ce sont deux rivières: l'oued Messaoura et son affluent l'oued Guir qui vient du Tafilet. L'oued Messaoura les lie à la province d'Oran, par conséquent à la France.

L'autre, l'affluent, les lie au Maroc. Par conséquent, tout le commerce, tous les moyens d'existence, toutes les ressources de ces contrées, leur viennent par l'oued Messaoura et par son affluent, et si l'on supposait tout mouvement supprimé le long de ces seules voies praticables, ces populations seraient destinées à mourir de faim, vu qu'elles n'ont pas chez elles les ressources nécessaires à leur subsistance. Ces deux points bien établis, bien clairement et bien sûrement reconnus, la solution en découle, claire, nette, indubitable. Barrez les routes, fermez les débouchés, arrêtez le mouvement, ces populations sont absolument, forcément obligées, sous peine de mourir de faim, de demander grâce et d'en passer par vos volontés... Il suffit d'établir par un simple croquis la forme du pays et le cours de ces deux rivières pour indiquer la solution certaine.

Il est de toute évidence qu'un fortin bâti à Igli au confluent des deux rivières et l'entretien d'une garnison dans ce fort, coupe la route du Maroc à toutes ces populations et les rend absolument tributaires de la France. Ne pouvant aller au Maroc, elles sont forcément obligées de chercher leur subsistance dans la province d'Oran, de devenir françaises. Dès lors, à quoi bon conduire des expéditions jusqu'à Timmi, jusqu'au Gourara et jusqu'à Insalah? Tout cela est inutile. A quoi bon exposer ces troupes à aller se heurter contre des villages qui peut-être résisteront, obligeront, pour l'honneur du drapeau engagé, à faire des sièges difficiles, dangereux et exigeant un développement de forces considérable? A quoi bon occuper ensuite tous ces points, y entretenir à grands frais des garnisons, toujours difficiles à nourrir et à protéger contre les maladies? Ce sont des dépenses en pure perte; de plus, la multiplication de ces postes, de ces garnisons, entraîne à des constructions coûteuses, nous prive de soldats, qui peuvent être nécessaires ailleurs, et nous entraîne aussi à nous mêler de trop près au gouvernement, au commandement, à l'administration du pays.

Tout cela est à rejeter. Igli, solidement occupé, suffit pour être maître du pays et forcer toutes ces contrées à se soumettre à notre influence... Il faut donc se borner à occuper Igli, et tout le reste séparé du Maroc, viendra par surcroît à la France.

Alors, au lieu d'avoir à faire une marche de 736 kilomètres qui conduit le conférencier d'Aïn-Sefra à Timmi, il reste une simple marche de 300 kilomètres qui conduit à Igli, et aussi, au lieu de toutes ces garnisons que l'auteur prodigue au Gourara, au Touat et à Insalah, il nous faut seulement un fort et une garnison à Igli et deux biscuitvilles sur la route : l'un au confluent de l'oued El-Aroudj, l'autre à moitié chemin d'Igli.

Puis il faut absolument prolonger le chemin de fer de Djenien-Bou-Rezg jusqu'à la sortie des montagnes à Nakhlet et Brahimi afin de pouvoir en tout temps et rapidement porter des troupes à Igli, quand cela sera nécessaire.

Nous avons, nous aussi, dans notre précédente étude, *Vue d'ensemble sur l'Afrique française*, essayé d'établir les dépenses nécessaires pour prendre possession de ce point d'Igli et y établir notre domination, et par suite aussi l'établir sur le Touat, le Gourara et Insalah. Nous sommes loin des chiffres de l'auteur de la conférence de Sidi-Bel-Abbès. Nous croyons cependant que nous les avons établis avec les détails suffisants pour éviter les causes d'erreur. Nous ne nous attarderons pas à refaire de nouveau tous ces calculs, et nous nous bornerons à dire que, quelle que soit cette dépense, elle s'imposera à bref délai. Nous allons bien-

tôt retrouver là les obligations de marcher en avant,
que depuis notre entrée à Alger nous avons toujours
subies de proche en proche et qui successivement nous
ont obligés à toujours progresser. C'est, à notre avis,
une démonstration que les faits eux-mêmes se chargent
de faire. Nous sommes au contact de tribus avec lesquelles la paix et le repos sont impossibles tant qu'on ne
les domine pas absolument. Dans ces conditions, tout
arrangement est impossible, parce que les individus
qui les composent ne sont soumis à aucune autorité et
que chacun agit à sa volonté, sans tenir compte d'autre
loi que son bon plaisir. Nous sommes en face d'une
anarchie absolue. La paix ne deviendra possible que
lorsque notre marche en avant les aura organisées
suffisammentpour qu'il s'y crée une autorité respon-
sable et capable de commander, de faire respecter les
conditions convenues et les relations adoptées.

Tout nous fait donc un devoir d'avancer et l'occupation d'Igli, s'il est vrai qu'elle doive forcer tout le pays
du Touat à se soumettre à notre influence, ce que personne jusqu'ici n'a mis en doute, a une importance immense, puisqu'alors notre action s'étendrait d'abord à
Igly qui est à 300 kilom. de Djenien-Bou-Rezg, point
terminus de la ligne, puis jusqu'à la dernière bourgade
du Touat, à Taourirt, qui est au moins à 500 kilom.
d'Igly, soit un millier de kilomètres, bond énorme
qui nous met en relations immédiates avec les Taïtok
et nous conduit à moitié chemin de Tombouctou...

Nous verrions alors réalisable dans un avenir rapproché la possibilité de tendre la main au Soudan
français, de réaliser l'idée de jonction de l'Algérie et
du Soudan français.

Nous savons que cette rivière de l'oued Messaoura est jalonnée tout le long de son cours par de nombreux villages et par des populations assez nombreuses pour offrir des ressources et faciliter les relations commerciales.

Au delà du Touat, les renseignements sont moins complets et notre connaissance du pays plus superficielle. Il ne nous est peut-être pas très facile de définir avec exactitude les avantages commerciaux que nous trouverions dans cette extension de notre territoire. Cependant, nous savons d'une façon certaine que d'Insalah, du Gourara, du Touat partent chaque année des caravanes qui emportent avec elles de grandes quantités de cotonnades, des articles de quincaillerie, des bougies, des allumettes, etc. Transportées par les Touaregs, qui complètent leur chargement aux mines de sel de Taodeni, elles parviennent au Soudan et sont échangées pour les productions du pays et malheureusement pour des esclaves, qui sont ramenés à travers le Sahara pour être vendus sur tous les marchés qui approvisionnent le Maroc.

M. le capitaine Bissuel, dans son livre : *Les Touaregs de l'ouest,* qui est à peu près le seul document que l'on puisse consulter, dit au paragraphe « Commerce » :

« Les Touaregs de l'ouest exportent dans la direction du nord les moutons, chèvres, zébus et des dépouilles d'autruche, des chameaux, des ânes ; ils importent du Soudan le béchena (mil), les boucliers, les vêtements confectionnés ou non, les étoffes, les armes blanches, la sellerie, etc. ;

» D'Insalah et de l'Aoulef, les dattes, les burnous, les haïcks, couvertures, cotonnades ;

» Du Touat, les armes à feu, les capsules, la poudre, etc.

» Leur grande ligne commerciale est l'Aoulef par Agabli. Tous les ans, à l'automne, une grande caravane part de l'Ahnet pour aller s'y approvisionner de dattes et de marchandises de toutes sortes. »

C'est dire en quelques mots que les Touaregs du Djebel-Hoggar et les Taïtok sont les seuls convoyeurs de ce commerce ; — c'est dire, ce qui du reste est de toute évidence, que leurs points d'attache et d'approvisionnement sont Insalah pour les Hoggars et le Gourara et le Touat pour les Taïtok. Sans doute ces derniers s'approvisionnent aussi dans les oasis du Sud marocain, mais l'importance des agglomérations du Gourara et du Touat prouve qu'il y a de nombreuses ressources et un commerce qui n'est pas sans importance.

Ce qu'il y a de bien certain, c'est que l'Anglais ne le néglige pas et que dans la lutte qui tend à nous réduire à un rôle de plus en plus mince, aucun débouché n'est à négliger... ; et le Soudan est un monde qui, par le chiffre considérable de sa population et ses produits, provoque l'ambition de tous. Il faut donc nous hâter d'y marcher. Le seul obstacle ce sont les Touaregs; il faut nous rapprocher d'eux et prendre le contact. Il n'y a dans ce but rien de plus avantageux que de mettre ces populations d'Insalah, du Touat et du Gourara sous notre dépendance. Il suffit pour cela, comme je l'ai dit bien souvent, d'occuper Igli.

Ce n'est point par là, je l'ai dit aussi bien souvent, que je rêve, dans l'avenir, de faire pénétrer notre influence jusqu'au lac Tchad qui est le point important entre tous, c'est par l'est, c'est par les Touaregs

Asdgers que la France doit, à mon avis, y poursuivre
l'utilisation de ces vastes régions; mais Igli est nécessaire pour que toute cette région de l'Ouest soit nôtre;
pour lier l'Algérie au Sénégal, pour lier l'Algérie et le
haut Niger. Si jamais nous devons pousser une voie ferrée vers ce centre de l'Afrique, c'est par Amguid qu'il
faut la faire passer. Mais si c'est dans l'est qu'il faut
établir la base de nos possessions, parce que l'ennemi
avec lequel nous avons à lutter est principalement
installé dans l'est et tend à faire sien tout l'est de l'Afrique, il est cependant d'utilité majeure que l'ouest de
l'Algérie soit aussi couvert, protégé et étende la main
vers le Sénégal; et cela ne peut se faire sans se porter
en avant, sans s'emparer des points qui donnent
action et influence sur les Touaregs, parce que ce sont
les points d'où ils tirent leurs moyens d'existence.
Ils sont les maîtres du Sahara, c'est vrai, mais ils sont
tributaires de tous les points où ils s'approvisionnent
et d'où ils tirent leurs moyens de subsistance. Du jour
où nous détiendrons ces points, la vie leur sera impossible, s'ils ne veulent pas reconnaître notre influence,
vivre en paix avec nous, s'ils ne se font pas les convoyeurs de notre commerce. Osons donc et allons de
l'avant.

Le moment paraît favorable pour tenter de nouveaux et énergiques efforts.

Pourquoi n'avançons-nous pas, pourquoi n'osons-
nous pas?..... C'est que nous sommes dans le faux
depuis longtemps. Nous ne faisons que des conquêtes
militaires, nous ne marchons qu'à coups de fusil et de

canon. Or, cela est très difficile et très coûteux et de plus ces conquêtes sont longtemps pour le conquis une excitation à la rancune, à la haine, à la révolte... Nous avons à notre disposition un autre outil de conquête puissant et sûr, c'est de transformer ces populations primitives par la civilisation. Or, la civilisation, la vraie civilisation, c'est le catholicisme. Malgré toutes les négations, à toutes les époques, c'est le **Christ** qui est le civilisateur, c'est lui qui a proclamé l'égalité de tous les hommes devant son tribunal. C'est lui aussi qui a proclamé la fraternité et par suite la liberté.

Les athées et les francs-maçons ont beau dire, c'est lui qui a constitué la famille, la société et en un mot tout ce qui constitue la civilisation... Les idées fausses qui, par l'action persévérante de la franc-maçonnerie, s'acharnent à rétablir le divorce, à désorganiser la famille, à changer la liberté en anarchie, à détruire tout respect de l'autorité, toute croyance en Dieu, à matérialiser l'homme, nous ont depuis cent ans ouvert l'ère des révolutions et c'est à peu près le seul bénéfice que nous ayons tiré de ces idées.

Etrange et mensongère prétention que celle d'améliorer la société en ôtant à ceux qui la composent toute spiritualité, en n'excitant que les appétits et les passions de chacun !

Dans son livre si remarquable : *La Réforme en Europe et le salut en France*, M. Le Play dit : ... *Ces faux dogmes ont fait perdre à la France, dans le cours d'une seule génération, le rang qu'elle avait occupé à la tête de l'Europe. Depuis lors ils ont continué leur œuvre funeste, ils ont paralysé tous les efforts d'un peuple intelligent et*

laborieux. En 1871, *ils ont fait de la France la plus mal-*
heureuse des nations.

L'Angleterre, elle, ne fait de conquêtes qu'au point
de vue des bénéfices matériels qu'elles rapportent à ses
commerçants; et cependant, nation pratique et clair-
voyante, en même temps qu'elle emploie la force,
la violence, poussée quelquefois jusqu'à la barbarie la
plus sauvage, elle inonde ses conquêtes de ses missionnaires..., se rendant parfaitement compte que
convertir les vaincus au protestantisme c'est les atta-
cher définitivement à son service. Elle s'est faite pa-
tronne des protestants. Dans le monde entier, protestantisme et Angleterre sont synonymes. Peu scrupu-
leux sur les moyens, peu respectueux des droits des
autres, ces missionnaires, souvent simples commerçants âpres au gain et à la curée, vont en avant, la *Bible*
en main, et propagent dans le monde entier l'empire
et la suprématie anglaise. Chose incroyable et qui
cependant est, il y en a même dans notre pays, dans
notre France et, sous nos yeux, dans notre département
de la Charente, où ils ont fondé une mission dans un
petit village de l'arrondissement de Confolens et où ils
sont parvenus à force d'intrigues, de prédications et
de promesses, à évangéliser quelques malheureux!

Il s'est tenu dernièrement en Angleterre, à Lambeth,
un grand concile protestant ou 194 évêques anglicans
se sont trouvés réunis. Le *Correspondant* a en rendu
compte dans une étude où nous lisons :

« Divisés sur tout, ils sont un au sujet des missions
étrangères : *des missions, ils en ont en Algérie, même en*
France.

C'est, disent-ils, l'œuvre qui, dans les temps présents, doit être au premier rang de toutes les tâches que nous avons à remplir. Nous avons des raisons spéciales de rendre grâce à Dieu du réveil et de l'accroissement de zèle qui s'est produit dans toute notre communion et pour cette œuvre principale de l'Eglise... »

Plus loin : « Nous ne faisons que commencer, mais nous commençons à voir ce que le Seigneur demande de nous. Il nous ouvre le monde entier, il nous y donne un accès facile et en même temps qu'il nous trace le chemin il ouvre nos yeux pour le voir et aussi pour apercevoir sa main qui nous fait signe.

» Le temps paraît mûr pour développer le mouvement de la campagne des Missions et votre comité a la confiance qu'un des résultats de ce concile sera de faire prendre à l'œuvre des Missions, dans l'esprit d'un grand nombre d'ecclésiastiques, une place beaucoup plus importante que celle qu'elle y tenait jusqu'ici.

» L'idée de conquérir le monde à l'anglicanisme hante un grand nombre de cerveaux anglicans. Ils veulent racheter le temps perdu, en mettant à profit les avantages véritablement immenses, que leur offre le développement de l'empire britannique. Des vaisseaux les portent sur toutes les plages, le drapeau britannique les abrite sous ses plis respectés.

» En ce moment, la *Société pour la préparation de l'Evangile,* entretient 766 missions qui prêchent l'anglicanisme dans 54 langues. On compte que le chiffre des missionnaires anglicans s'élève à 4.500. Des femmes se dévouent à cette œuvre et lui apportent un précieux concours; ils sont aidés par un corps de plus en plus nombreux de médecins missionnaires.

Enfin, ils ont annuellement à leur disposition des sommes considérables, de 12 à 13 millions de francs. »

Jadis, en face de l'Angleterre protestante, la France portait le drapeau du catholicisme, et ses missionnaires, soutenus par le gouvernement et aidés par lui, pouvaient maintenir partout l'influence de notre patrie. Aussi dans le monde entier nous voyons encore des populations, comme celles du Canada, indissolublement liées à la France par cette même foi, cette même croyance, cette même religion catholique que les missionnaires y avaient portées.

Le Français n'est pas, comme l'Anglais, une nation de lucre et de proie, et sa mission dans le monde n'est pas seulement de s'enrichir ; sa mission c'est de civiliser, et pour civiliser elle doit christianiser.

Depuis cent ans, depuis qu'elle est tombée entre les mains des libéraux, des révolutionnaires, des athées et des sectaires, elle a renié sa mission et si elle prétend conquérir encore, elle ne veut plus assurer ses conquêtes en civilisant les peuplades conquises. Civiliser pour elle, ce n'est plus christianiser ; je trouve l'idée dans les *Algeriana*, au sujet de notre conduite avec le peuple arabe :

Plus d'un abbé joufflu sortant du séminaire
Brûlait de voyager comme missionnaire,
Et, rêvant son front ceint des palmes du martyr
Ne parlait de rien moins que de tout convertir.
Les disciples du Christ ont élevé la voix,
Mais ce n'est pas pour eux qu'il est mort sur la croix ;
En est-il qui, touchés par la grâce suprême,
Soient venus se laver dans les eaux du baptême ?
Qu'avons-nous donc changé ? Tout est resté debout.
Avons-nous détrôné leur vilain marabout ?
Du haut des minarets une voix solennelle

Appelle à la prière le musulman fidèle
Et pendant ce temps-là notre temple est désert.
Un espoir cependant nous est encore offert.
Je ne sais ce que va penser le moraliste,
Mais justice avant tout et gloire au liquoriste
Lui seul a bien compris sa noble mission :
Lui seul s'est chargé de leur conversion.
Aussi quand nous voyons un Arabe en goguette
Assaillir la muraille en dépit du Prophète,
Nous commençons alors à nous tranquilliser :
Les gaillards finiront par se civiliser.

J'en demande bien pardon à l'auteur, mais malgré son charmant esprit il fait fausse route ; le marchand de vin ne civilise pas, il abrutit. Abrutir, civiliser, ne sont pas de même sens, ils sont de sens opposés : l'un matérialise, l'autre spiritualise. L'un est païen, l'autre chrétien. Et il n'est pas prouvé, tant réfractaire que soit le musulman, qu'il ne se serait pas spiritualisé ou christianisé si les libéraux, les partisans du matérialisme, avaient laissé libre carrière aux abbés joufflus qui sont rares chez les missionnaires, vu les privations qui sont toujours leur part.

L'expérience n'a pas été faite. De tout temps il a été, de par le gouvernement, interdit de rien essayer, à preuve les discussions du cardinal Lavigerie avec le maréchal de Mac Mahon qui, cependant, était personnellement un chrétien, mais subordonné aux directions d'un gouvernement qui avait ses idées générales à lui.

Cependant les succès récents des pères blancs et des sœurs blanches en Kabylie, dans l'Aurès et même dans les Attafs, semblent prouver qu'il n'était pas impossible de séduire ces malheureux par l'exercice de la charité, l'exemple des hautes vertus et les services rendus.

C'est bien vite fait de crier : le catholicisme est impuissant ! C'est plus difficile de le faire croire en présence de l'immense succès des pères blancs au Tanganika, dans l'Ouganda, où les foules se pressent autour d'eux et se convertissent en masse, dans ces régions où ils avaient créé un vaste royaume catholique dont notre gouvernement n'a pas osé accepter le protectorat et qu'il a laissé prendre à l'Angleterre.

Ce n'est pas facile à faire croire en présence des succès obtenus par les pères du Saint-Esprit et monseigneur Augouard sur le Congo et l'Oubanghi ; en présence de ceux des pères du Saint-Esprit au Dahomey, partout enfin...

Quelle aide apporte aujourd'hui le gouvernement, quels secours, quelles subventions donne-t-il à toutes ces missions? Rien. Elles ne sont aidées, soutenues que par les cotisations individuelles des catholiques.

Cependant n'est-il pas évident pour tous que, dans toutes ses colonies, la portion des populations qui s'est convertie au catholicisme est la seule sur la fidélité et le dévouement de laquelle nous puissions compter, que tout ce qui est resté païen est en état d'hostilité continue; en un mot que, dans toutes ces régions, catholique ou français est synonyme.

Cela ne s'est-il pas vérifié récemment à Madagascar? Parmi toutes ces populations, partout, ceux qui se rallient de bonne foi à nous croient que le meilleur moyen d'affirmer leur fidélité à la France, c'est de se faire chrétiens. C'est une question de nationalité tout autant que de dogme. Devenus chrétiens, ils se regardent de fait comme Français, et engagés dans l'ensemble ils le deviennent en réalité et, le voulussent-ils, ils ne peuvent plus se dégager et nous trahir, car ils savent bien ce qui les attend, s'ils retombaient sous le joug des païens.

Par conséquent, il est de toute évidence que la France a un intérêt de premier ordre à soutenir les missions, puisqu'elles seules, en convertissant les païens, leur donnent l'amour de la France et lui créent des sujets de bonne volonté, des défenseurs de sa cause.

Est-ce bien ce que le gouvernement a fait dans nos colonies? Est-ce bien là sa politique, la loi de sa conduite et n'a-t-il pas au contraire pris parti contre ces missionnaires et contre les chrétiens, ses seuls amis, au profit des païens ennemis déclarés et irréductibles? Nous allons demander la réponse à monseigneur Puginier, le vaillant et grand évêque du Tonkin.

« D'abord dit-il, le gouvernement a fait son possible pour réduire le nombre des missionnaires... Lors de la discussion de la loi militaire, nombreuses étaient les interventions en faveur des missionnaires, et l'exemption aurait peut-être été votée, quand un ministre de la guerre protestant et méthodiste fit doucereusement observer que l'apostolat est une œuvre purement confessionnelle, dont un grand pays comme la France a le devoir de se désintéresser pour rester fidèle aux principes de 1789. Encore aujourd'hui ce méthodiste, que les traités de Madagascar ont dévoilé, est à la tête des affaires de l'armée dans la commission du Sénat. »

« Aujourd'hui, dit la *Revue nouvelle*, nous ne colonisons plus au profit de l'Eglise, c'est sûr ; tout le monde sait bien que ce n'est pas l'Eglise qui a les bénéfices, tout le monde sait aussi en quelles mains ils vont. Monseigneur Puginier, à cette affirmation, répond :

« C'est tant pis pour vous, vous avez grand tort d'écarter dédaigneusement le catholicisme, le grand facteur de toute vraie civilisation ; c'est lui qui fut aux beaux jours de votre histoire nationale le facteur principal de votre grandeur ; c'est lui qui vous a donné dans le monde entier une clientèle catholique qui, à l'heure actuelle, est encore une force importante. Sans elle, quelle figure feriez-vous hors du bassin de la Méditerranée ?

» Depuis les premiers jours de la conquête, dans chacune de nos colonies, l'influence de l'esprit antireligieux a fait mettre à l'écart l'élément chrétien comme incommode ou dangereux, et l'on s'est cru très habile et très fort en cherchant à capter la confiance des boudhistes, des musulmans, des protestants et des païens, en abandonnant toujours aux basses rancunes de nos ennemis ceux qui nous avaient servis et s'étaient compromis pour nous. »

Combien de malheureux n'a-t-on pas laissé massacrer pour le seul crime de s'être faits chrétiens ? C'est par milliers qu'on peut les compter, c'est par milliers que les représentants du gouvernement français ont sacrifié ses partisans, ses vrais amis, ses seuls amis, les seuls sur lesquels il peut espérer dévouement et fidélité.

Si l'administration française n'avait été égarée par de déplorables préjugés, elle aurait au contraire encouragé ce mouvement qui portait les populations vers la religion catholique, et, sans rien faire pour nuire aux païens, elle aurait témoigné de la sympathie et fait quelques avantages à ceux qui se rattachaient ainsi franchement à la France. L'Angleterre n'y eût pas manqué, elle nous l'a bien prouvé à Madagascar, où elle conduisait au temple les populations, même de force. Avec nos fameux principes libéraux, avec notre libre pensée, nous avons cru faire merveille, nous nous sommes imaginé gagner la confiance des musulmans, des boudhistes et des païens, nous n'avons réussi qu'à nous en faire mépriser et à les tenir éloignés de nous. La France paiera un jour, et très cher, les fautes que le faux libéralisme et l'esprit sectaire d'un certain nombre de ses gouvernants lui font commettre dans ses colonies.

Cette politique indigne de la France, politique qui semble renier son passé glorieux, ses glorieux ancêtres Clovis et ses Francs, Charlemagne et ses pairs, saint Louis, Bayard, Jeanne d'Arc, etc., pour se faire la France des hérésies, des sectes et de l'athéisme, renouvelle à chaque occasion ces mêmes fautes. Au Tonkin, au Sénégal, en Algérie, à Madagascar, nous sacrifions nos alliés naturels, ceux qui nous ont le mieux servis, à je ne sais quel espoir de gagner par nos avances nos ennemis, ceux qui sont irréconciliables et irréductibles. Vain espoir et vaines illusions ! Chez les peuples primitifs, les notions de patrie et de religion se confondent ; Français, catholiques, sont deux termes identiques. C'est en vain que pour leur plaire vous vous dites athées, francs-maçons, libres-penseurs, etc., ils ne vous croient pas, parce que cet abandon de la foi nationale est incompréhensible pour eux. Les uns croiront que vous dissimulez vos sentiments pour les attirer dans des pièges, pour les éprouver ; les autres se détourneront avec mépris de ces étrangers, qui renient la foi et la gloire séculaire de leur patrie, qui

n'ont pas le courage de soutenir leurs amis et les lais-
sent martyriser après les avoir compromis. Dieu
veuille que la France n'ait pas un jour à payer par des
flots de son sang les erreurs politiques que l'esprit de
haine maçonnique fait commettre tous les jours à trop
de nos gouvernants !

Malgré tout, le mot célèbre de Tertullien : « Le sang
des martyrs est une semence » est toujours vrai, et
notre race porte toujours le christianisme au dehors.
Si, comme l'Angleterre, elle ne remplit pas le monde
de marchands ambitieux et rapaces dissimulés derrière
leur *Bible*, elle porte partout ses missionnaires et ses
sœurs de charité, et avec eux la civilisation du Christ,
c'est-à-dire le dévouement, l'abnégation, le sacrifice,
l'amour du prochain, toutes vertus inconnues hors
de lui.

Nous sommes à l'état de lutte avec l'Angleterre en
Asie et en Afrique, sur presque tous les points de ce
vaste continent. La lutte, espérons-le, ne dégénerera
pas en guerre. Il y a là tant d'espace vide, qu'il n'est
pas nécessaire de s'y battre à coups de canon et de
fusil pour s'y faire une large part. La lutte est engagée
en vue de bénéfices commerciaux, de richesses de
toutes sortes à faire siennes, et ce serait un acte en
sens contraire que de s'entre-tuer, puis de se ruiner
en dépenses de toutes sortes pour triompher de l'adversaire. Et qui peut mesurer et simplement entrevoir
les efforts et les dépenses sans limites qu'entraînerait
une pareille lutte ? Il est probable qu'elle ne resterait
point circonscrite et limitée aux deux nations et que
comme autrefois le monde entier y prendrait part.
Tous le sentent et déjà on a bien des fois dénombré

les nations qui y joueraient un rôle d'un côté ou de
l'autre.

Mieux vaut laisser dè côté tous ces engins meur-
triers et continuer la lutte pacifiquement à coups de
traités, d'entente mutuelle après discussion loyale de
part et d'autre.

C'est l'intérêt bien entendu de tous, loyauté, fran-
chise, bonne volonté et désir sincère de s'entendre.
Mais, il faut bien faire attention, dans ce cas, à ne pas
perdre de vue qu'il faut sur chaque point litigieux se
hâter de se créer, d'affirmer ses droits. Or, comment
se créer des droits, des droits indiscutables, qui sont
la base des transactions et des traités ?

Les journaux anglais eux-mêmes nous en prévien-
nent. *Saturday Review,* à propos du haut Nil : « Mais
c'est surtout pour l'Afrique que la règle « possession
« vaut titre » est absolue. »

Saint-James Gazette : « Les Français venus de l'est
et de l'ouest ne seront pas surpris si, en arrivant sur
les bords du Nil, ils trouvaient là un officier anglais
prêt à les accueillir sous le pavillon britannique. »

Le *Bulletin de l'Afrique française* d'octobre, fait les
mêmes réflexions en s'efforçant de pousser le gouvernement à l'action. Nous y copions le passage suivant :

« Nous voulons constituer en Afrique occidentale
un vaste domaine colonial d'un seul tenant, présen-
tant des éléments de vitalité, et nous y sommes presque parvenus. Les réclamations, la surprise même de
nos concurrents, l'âpreté avec laquelle ils nous repro-
chent nos conquêtes dans cette partie du monde,
même dans le Sahara, en est la meilleure preuve. Mais
il ne faut pas oublier que notre situation dans l'Ouest

africain n'est pas encore sanctionnée par des traités internationaux. Certes, l'occupation effective de part et d'autre et les accords sur des frontières provisoires, conclus sur les lieux par des officiers des deux pays rendront aisée la délimitation définitive. Aussi l'Angleterre se hâte d'envoyer expéditions sur expéditions pour se créer des droits. C'est une raison pour que nous ne voulions pas voir une de ces périodes d'apathie de notre politique coloniale succéder à l'énergie de ces derniers temps. Les Anglais continuent leurs affaires, ce qui prouve leur sagesse; poursuivons ardemment les nôtres. »

Ces conseils sont précisément ceux que M. le Président de la République vient de donner à la France, avec la haute autorité qui appartient à sa situation, dans le discours qu'il a prononcé au banquet de l'industrie et du commerce. « Hâtez-vous, a-t-il dit, de diriger vers ces régions à peine connues, encore inexplorées, les efforts individuels et les initiatives privées, sous peine de nous laisser devancer par nos concurrents étrangers et de voir notre pays exclu du rang auquel ses facultés et sa loyauté commerciales incontestées lui donnent droit de prétendre; sans perdre un instant élancez-vous donc à la conquête de marchés nouveaux !

» C'est bien servir sa patrie que de faire connaître aux peuples qui s'éveillent à la civilisation, le génie si fécond de notre race laborieuse. L'Etat, de son côté, connaît ses obligations et son devoir.

» La sollicitude de la République s'étend à tous ses enfants, à ceux surtout qui la servent au loin. Là où est un Français, là est la France. »

C'est très bien..., mais cela ne suffit pas, le génie laborieux de la France seul ne fera pas surgir l'affection et l'amour de ces peuples nouveaux. Il y faut la charité, l'amour du prochain; il y faut, avec le commerce et l'industrie, les sœurs de charité et les missionnaires; car, comme le dit excellemment l'un d'eux dans les missions d'Afrique, en parlant des Touaregs rencontrés dans son exploration sur le Niger, le seul remède, le seul moyen de vaincre toutes les difficultés, de leur donner le goût du travail, c'est de moraliser, de christianiser toutes ces populations, et ici encore les Touaregs avec leur vie austère, leurs mœurs relativement pures, grâce à une stricte monogamie, à leur noblesse dont témoigne une incontestable bravoure, ne sont pas les plus éloignés du but.

Le but, c'est le catholicisme, et c'est en vain que l'athéisme moderne dirait ce n'est pas lui le civilisateur, car alors il lui faudrait expliquer pourquoi avant lui la soif des sacrifices humains et pourquoi en face de la croix ils ont cessé? Pourquoi l'humanité chrétienne ne cherche plus de victimes, et comment tant de paix, tant de charité après tant de sang et de haines?

Il faut réfléchir et arriver à l'intelligence complète de cette affirmation : « *On ne se bat pas seulement à coups de canon et de fusil* », on se bat par toutes sortes de moyens, on se bat à coups de tarifs, on se bat surtout à coups de chemins de fer et de canaux, et une nation riche, puissante, dotée de tous les avantages, peut, au bout de quelques années d'une paix apparente et trompeuse, pendant laquelle elle n'a fait que jouir, se réveiller appauvrie, ruinée, affaiblie, hors d'état de soutenir la lutte contre ses rivales.....

C'est une situation, c'est un état nouveau que celui des grandes nations. Il faut y prendre garde et jouer très serré, sinon industrie, commerce, agriculture, toutes les sources de fortune peuvent tarir comme dans le sud de nos possessions africaines ont disparu ces grands cours d'eau qui jadis fertilisaient ces contrées. Quel bouleversement, quel cataclysme ont, croyez-vous, arrêté leur cours, dévoré leurs eaux abondantes et converti ces jardins, ces forêts, dont les traces émergent encore de loin en loin, en une uniforme plaine de sables brûlants? De bouleversement, de cataclysme, de tremblements de terre, il n'y en a pas eu, c'est évident, puisque sur le parcours entier, nous retrouvons les berges, le thalweg et que nous pouvons pas à pas suivre le cours.

Non! l'explication du phénomène est simple, elle n'a pas besoin d'appeler à son aide les accidents; c'est peu à peu que le sable s'est accumulé et a barré la route. C'est le travail lent des siècles qui, en l'absence du travail humain, a comblé les sources, tari les cours, desséché le sol et à la place des immenses forêts qui sous leurs puissants ombrages donnaient repos et abri même à l'éléphant, a mis le désert, nu, inhospitalier et abandonné. C'est donc peu à peu et par des progrès lents, insensibles, que la transformation a eu lieu et c'est là qu'est le danger aussi, pour nos forces vitales, l'industrie, le commerce, l'agriculture..... Ces forces vives de la France ne peuvent se maintenir, se développer et apporter une richesse toujours croissante, qu'à condition que la production aille toujours elle aussi en croissant, et la production, c'est de toute évidence, ne peut croître qu'à condition d'avoir des débouchés qui permettent l'écoulement des produits. Quand autrefois notre pays avait un outillage supérieur à celui des nations voisines, toutes ces nations étaient pour lui un débouché, un marché. Il n'en est plus de même aujourd'hui; chaque nation de l'Europe fabrique elle-même les produits à son usage et même exporte chez les autres. L'Amérique, elle aussi, lutte sur tous les débouchés qu'elle inonde, et voilà qu'en Asie, le Japon et la Chine, profitant des sciences puisées chez nous à pleines mains, deviennent des concurrents redoutables. Prenons-y garde, il faut trouver de puissants débouchés si nous voulons conserver notre aisance, notre prospérité. Les moyens ce sont les chemins de fer, les grandes compagnies de navigation, les ports, les canaux, etc.

Voyez : depuis un an, des navires japonais font le service entre Londres, Anvers, et Yokohama. La compagnie Nippon-Yusen-Kaisha à laquelle appartiennent ces steamers a organisé des départs tous les quinze jours. Son capital est à 70 millions. Ses bateaux vont aussi en Australie et aux Etats-Unis. C'est un redoutable adversaire pour la compagnie des Messageries maritimes, ce n'est pas le seul. Les bâtiments anglais et allemands qui font le service de New-York ont une supériorité incontestable sur ceux de la compagnie française, et celle-ci, ne voulant pas perfectionner sa flotte, un service allemand, celui de Hambourg, a eu l'audace d'organiser une escale à Cherbourg pour y lutter contre le Havre et la Compagnie transatlantique (*extrait de « La Nouvelle Revue », A. Fock*).

Croit-on que le commerce français n'ait pas à en souffrir et que nombre de voyageurs et de marchandises françaîses ne cèderont pas, au détriment de la fortune française, à l'attrait de la rapidité, du bas prix et du confortable, du transport allemand ou japonais?

Est-ce que la construction du transsibérien sera sans conséquence sur le commerce de l'Europe avec le monde chinois? Déjà on a démontré l'absolue impossibilité pour les paquebots de lutter contre la voie ferrée... Ils perdront d'abord les transports que fournissaient le thé, les soieries et autres exportations de l'extrême Orient, et quand le moment viendra où la Chine et le Japon demanderont aux usines européennes tout l'outillage de rails, de machines, nécessaires à leur industrie, elles trouveront certainement des industriels établis le long de la voie transsibérienne prêts à leur en fournir à plus bas prix que les nôtres.

Quant aux voyageurs, il est de toute évidence que toutes leurs préférences seront pour le chemin de fer.

Tout cela n'est-ce pas une cause de perplexité et la nécessité de nouveaux efforts bien dirigés et bien réfléchis?

Quant à l'Afrique, il n'est douteux pour personne que l'Angleterre, si elle parvient à joindre les deux tronçons de ses possessions, trouvera là des ressources immenses pour son commerce et son industrie. Elle y marche hardiment et énergiquement, pendant que, terrifiés par le renom du Sahara et par celui des Touaregs, nous n'osons faire un pas en avant.

Nous avons misérablement porté tous nos efforts sur des questions de politique intérieure, sur des questions de disputes intestines, et malheureusement nous y avons mis toute notre ardeur, toute notre intelligence, mais aussi toutes nos ressources matérielles.

Tout cela est de médiocre intérêt pour la masse de la nation et n'est avantageux qu'à certaines personnalités, qui y trouvent, il est vrai, de grandes situations et de grosses fortunes. Et quel temps avons-nous choisi pour nous livrer à ces gaspillages de la fortune publique et à ces disputes de parti? Justement le temps où, seuls en face d'ennemis puissants, nous étions en perpétuel danger de mort.

Aujourd'hui, les temps paraissent s'éclaircir. L'alliance contractée avec le puissant empire de Russie permet d'espérer une série d'années paisibles, ou au moins si la guerre sous une cause quelconque vient à éclater, nous nous trouverons en état de la soutenir et d'y jouer un rôle digne de nous.

A une condition, toutefois, c'est que nous ne perdrons pas de vue que la guerre, si elle ne se fait pas à coups de canon et de fusil, n'en existe pas moins et qu'elle se poursuit tous les jours à coups de chemins de fer, à coups d'inventions, de perfectionnements industriels ou commerciaux, que, par conséquent, il nous faut faire cesser *nos dépenses inutiles*, cicatriser *nos plaies intérieures, grouper* par de sages économies toutes nos ressources, toutes nos forces, contre les adversaires de toutes nations, en un mot, *faire la paix intérieure* afin de pouvoir réunir tous nos moyens, toutes nos forces contre l'extérieur, car la guerre à notre époque sera avant tout une guerre économique, une guerre pour la vie, implacable et sans merci.